LE DROIT

DE LA GUERRE

LE DROIT
DE LA GUERRE

PAR

Le Professeur ÉMILE ACOLLAS

Pour le vrai.
Pour le bien.

« Nous avons conservé de notre ancien
état de fauves ce débris infâme, la guerre... »
(Philosophie de la science politique.)

PARIS

LIBRAIRIE CH. DELAGRAVE

15, RUE SOUFFLOT, 15

1888

A JEAN-JACQUES

QUI, EN PROCLAMANT QUE LA GUERRE

NE SE FAIT QUE D'ÉTAT A ÉTAT,

EN A FONDÉ LA THÉORIE JURIDIQUE NOUVELLE,

ET A ESSAYÉ

D'EN RESTREINDRE LES DÉSASTRES ET LES HORREURS.

A JEAN-JACQUES, A CONDORCET,
A KANT, A BENTHAM,

A TOUS LES COEURS PLEINS DE L'AMOUR DE L'HUMANITÉ

ET A TOUS LES HAUTS ESPRITS

QUI ONT PROPHÉTISÉ ET PRÉPARÉ L'AVÈNEMENT DE LA PAIX

ENTRE LES NATIONS.

LE DROIT

MIS A LA PORTÉE

DE TOUT LE MONDE

Pour le vrai,
Pour le bien.

« Nous avons conservé de notre ancien
état de fauves ce débris infâme, la guerre... »
(Philosophie de la Science politique.)

LE DROIT DE LA GUERRE

IDÉES GÉNÉRALES

Le Droit est une règle de raison et de justice, le Droit est une règle de liberté; il est aussi une règle de paix et d'harmonie.

Peut-il y avoir un droit de la guerre?

Il existe des coutumes auxquelles les nations, dites civilisées, se conforment plus ou moins scrupuleusement lorsque la guerre éclate entre elles (1); il

(1) Dans le droit international actuel, l'*État* est à distinguer de la *nation*. Toutes les nations, en effet, ne forment pas des États : telle est la nation polonaise — et il y a aussi des États qui comprennent des nations diverses ou des éléments appartenant à des nations diverses: c'est le cas de l'Empire autrichien.

Les États, de nos jours, sont des sociétés politiques, se trouvant en situation de s'affirmer elles-mêmes, et se reconnaissant, en général, entre elles, comme des individualités juridiques distinctes.

Les nations ou les peuples sont des sociétés naturelles dont existe aussi des préceptes relatifs à la guerre que l'on a plus ou moins coordonnés en une sorte de doctrine ; mais la question que nous venons de poser est à une autre hauteur, et ce que nous avons à examiner ici, c'est si, au point de vue de l'Idée actuelle du Droit, il peut exister un droit de la guerre.

Selon notre conception actuelle, le Droit c'est la règle de raison reconnaissant à chacun et consacrant pour chacun la faculté de mouvoir son activité aussi pleinement qu'il le veut, aussi pleinement qu'il le peut ; dans cette notion résident, pour les individus humains, le principe et la fin de tout droit, et ce n'est qu'éclairé par elle que le Droit tout entier, sous quelque aspect qu'on l'envisage, peut être construit à la méthode scientifique.

Or, tant que l'on ne considère les hommes que dans leurs rapports individuels, si un conflit s'élève entre eux, si l'un réclame ou de vive force prétend s'attribuer ce qui est le Droit de l'autre, les deux fussent-ils membres même de deux sociétés, de deux États différents, un juge est là, en général, qui dira le droit et saura rséoudre le conflit.

Toutefois, et en laissant de côté les difficultés qui peuvent se rencontrer pour le national d'un pays à

les membres reliés entre eux, par un ensemble d'affinités, le sont, en outre, par la vocation, dans le grand drame humain — divers et un — de jouer un rôle commun et de poursuivre de communes destinées.

Les États peuvent n'avoir qu'une existence artificielle ; les nations ou les peuples ont toujours une existence réelle.

L'idée du Droit est que les nations ou les peuples puissent toujours, à leur volonté, former des États.

Dans ce petit livre, nous nous servirons parfois indifféremment des mots *nation*, *peuple* et *État*.

faire protéger son droit par les juges d'un autre pays, il y a un cas où, en tous pays, la contestation du droit est de telle nature que, nationaux comme étrangers, sont réduits à se protéger eux-mêmes et, pour y parvenir, à user de leur propre force. Ce cas est celui de la *légitime défense.*

Que si, passant de l'homme individuel aux collectivités d'individus humains que l'on appelle les nations, nous supposons que c'est entre deux de ces collectivités que le conflit s'élève, et que tous les moyens d'influence morale propres à amener une entente aient été épuisés, comme il n'y a pas, au-dessus des nations, un juge qui puisse leur imposer sa décision, ce qui reste l'unique ressource pour la nation qui entend contraindre l'autre, c'est le recours à la force — et la guerre.

Mais d'abord, est il possible, en dehors des faits, d'indiquer un signe qui permette de distinguer les guerres justes des guerres injustes? Assurément, car la règle du juste n'est pas différente pour les individus constitués en corps de nation et pour les individus pris isolément, et cette règle, c'est, sous l'empire supérieur de la loi morale, de la loi de solidarité et de fraternité, la règle du respect, dans chaque collectivité nationale comme dans chaque individu, de sa plus pleine liberté — de son plus libre essor, de son plus libre développement.

Et toute guerre est juste ou injuste selon qu'elle tend à assurer ce respect ou qu'elle tend à le violer.

Et toutes les nations ont le même titre devant le Juste, et, qu'elles soient petites ou grandes, toutes ont le même droit de se mouvoir en avant au soleil de la civilisation.

Or, si maintenant du domaine de l'Idée nous descendons à celui des faits, voici ce que nous rencontrerons : il y a des guerres que communément l'on nomme *défensives*, d'autres que l'on qualifie d'*offensives*, c'est-à-dire que, dans les premières, on attend et reçoit l'attaque et que, dans les secondes, on en prend l'initiative; mais souvent ce ne sont là que de vaines apparences, car il se peut que, dans la guerre défensive, ce que l'on défend, c'est ce que l'on a injustement acquis, et que, dans la guerre offensive, ce que l'on cherche à ravoir, c'est ce dont on a été injustement dépouillé. Et, pour parler au vrai, n'est offensive que la guerre faite au mépris du Droit et qui offense le Droit, et est défensive toute guerre faite au nom du Droit et qui défend le Droit.

Mais ne pourrait-on proposer, dans maints cas, un moyen pratique de reconnaître si la guerre défend ou offense le Droit, si elle est juste ou injuste? En effet, des deux nations qui, pour vider leur querelle, en appellent aux armes, fréquemment il en est une qui entend rejeter un pacte antérieur, un traité, que l'autre entend maintenir, et le fait de prétendre se délier d'un traité, inattaquable en sa forme, n'est-il pas, au point de vue pratique, le signe le plus manifeste de l'offense au Droit?

Nous proclamons la haute valeur morale des traités; nous estimons que, comme les individus, les nations s'honorent à observer strictement les engagements qu'elles ont pris; nous assimilons, quant à la foi qui leur est due, les traités entre les nations aux contrats entre les individus, mais nous faisons en même temps remarquer que, d'après le droit universel, les contrats sont nuls ou annulables, quand le consentement, qui en est l'âme, est affecté d'un vice, qu'ils sont nuls ou annulables pour erreur, pour dol ou pour violence, et nous appliquons ces mêmes causes de nullité aux traités. Seulement, tandis qu'il existe une société des individus, et partant, des juges pour prononcer sur la validité des contrats, il n'existe pas de société véritable ni de juges des nations, et force est que chacune d'elles décide, pour elle-même, du degré de respect qu'elle doit aux traités qu'elle a souscrits.

Mais, précisément à raison de cet état si imparfait où se trouvent encore les rapports entre les nations et afin d'établir une règle qui satisfasse le moins mal possible à un certain ordre et à la justice, nous admettons que toute nation qui, invoquant une cause d'erreur, de dol ou de violence, se refuse à exécuter un traité pour l'avenir a certes le droit de le faire, mais sous la condition de déclarer en forme ses intentions à la nation cocontractante, c'est-à-dire de pratiquer vis-à-vis de cette nation ce que l'on nomme, dans la langue du droit des gens, la *dénonciation* du traité.

En résumé, les nations, au temps actuel, pour obtenir justice les unes des autres, n'ayant, comme suprême ressource, que le moyen de la force, c'est cette nécessité de recourir à la force pour se protéger, en d'autres termes, c'est le *droit de la légitime défense* qui fonde le droit de la guerre.

Mais, en nous donnant un principe, ces vues nous donnent par là même toute une théorie. Le droit de la guerre n'étant, ne pouvant être que le droit de la légitime défense, il est facile de déduire de cette prémisse au moins les deux principales conséquences qu'elle comporte, c'est-à-dire de déterminer le droit de la guerre tant que dure la guerre, et, après qu'elle a pris fin, les exigences légitimes du vainqueur.

D'abord, tant que dure la guerre, chaque belligérant ne doit employer que les moyens de force strictement nécessaires pour ramener l'ennemi au droit, au rétablissement des rapports ayant pour base la justice; mais ce serait dire assurément trop peu que de s'en tenir à cette formule, et il faut ajouter que l'ennemi n'est l'ennemi qu'autant qu'il agit ou est dans la possibilité d'agir comme tel, que le droit contre lui disparaît aussitôt que cesse d'être possible l'acte d'hostilité de sa part, et que ce qui reparaît aussitôt, c'est le devoir envers l'homme et c'est aussi le droit de l'homme.

Après que la guerre a pris fin, l'état de fait peut être modifié plus ou moins, l'état de droit reste le même; il n'y a pas de *droit du vainqueur*, et il ne saurait y en avoir, car le vainqueur a-t-il fait la guerre, ayant la justice contre lui, il est bien évident que, en couronnant son injustice, la victoire n'a pas pu lui conférer des droits qu'il n'aurait pas eus sans elle, qu'elle est pour lui le triomphe de la force et que par là même elle en est l'abus. Et si le vainqueur avait pour lui la justice, est-il moins évident que son droit, ayant une source préexistante à la victoire, n'a rien de commun avec elle, et qu'à son tour c'est de sa force qu'il abuserait s'il exigeait, après la victoire, plus que ce que la justice lui eût permis de réclamer auparavant.

Toutefois, de même que de deux individus dont l'un succombe dans la lutte judiciaire, il est strictement juste que celui qui a été déclaré avoir soutenu cette lutte contre le droit, en supporte tous les frais et, en outre, indemnise l'autre, de même aussi est-il juste que le vainqueur qui avait le droit pour lui, non seulement soit admis à réclamer tous les frais de la guerre, mais encore, autant qu'il est possible, obtienne réparation du préjudice que la guerre lui a causé.

En résumé, la victoire, par elle-même, ne peut créer aucuns droits, car autrement il faudrait admettre cette chose contre laquelle proteste et se révolte la raison la plus vulgaire que, de la force, le contraire du droit, quand elle est seule et agit seule, peut dériver le droit (1).

Abordons maintenant la question de la conquête.

Ne fût-elle que l'acquisition par la force d'un territoire inhabité, la conquête étant fondée sur la force, serait tout aussi illégitime que son fondement, et il n'y aurait pas une iniquité plus flagrante à ce que, dans un conflit entre des particuliers, le juge attribuât à l'un ce qui est la propriété de l'autre, qu'à ce que la nation victorieuse s'appropriât un territoire, même inhabité, appartenant à la nation vaincue ; mais la conquête, appliquée à un territoire inhabité, est une hypothèse négligeable, et ce que l'histoire déroule sans cesse devant nos yeux, c'est le spectacle de nations qui, imposant leur force à d'autres, les démembrent, personnes et choses, prennent les choses, le territoire, et soumettent les personnes au joug.

Là est l'attentat énorme.

Ravir à un peuple le droit de continuer à former

_____

(1) Nous exposerons que le droit de faire des prisonniers de guerre ne repose pas sur la victoire, que, comme tous les autres droits que confère la guerre, il n'a pour base que la *légitime défense*.

un de ces centres d'affections et d'idées, d'intérêts
même et d'usages, une de ces différentes *patries*
entre lesquelles l'Humanité reste divisée; ravir à une
collectivité d'individus humains, quelle qu'elle soit,
ravir à un seul individu humain le droit de se ratta-
cher à une de ces *familles*, comme l'on voudrait
pouvoir dire, ou de ces *foyers* agrandis, c'est l'attentat au-dessus duquel on ne saurait placer que celui
de mettre des hommes hors du genre humain!

Et telle est la conquête.

Nous croyons, quant à nous, à l'abolition finale
de la guerre; nous y croyons, parce que l'état de
paix armée dans lequel les nations, au moins en
Europe, sont aujourd'hui respectivement obligées
de vivre dépasse leurs forces et devient intolérable
pour elles; nous y croyons, parce que les gains et les
avantages que procure même la plus fortunée des
guerres ne sont qu'un néant au prix des pertes et
des misères en tous genres qu'entraîne l'état de paix
armée et que, dans une mesure indéfinie, la guerre
augmente encore aussi bien pour le vainqueur que
pour le vaincu; nous y croyons, parce que ces
réalités commencent à frapper les yeux des populations et que celles-ci, arrivant de plus en plus à
être maîtresses de leur gouvernement, de leur vie
sociale, le seront de plus en plus de la paix et de la
guerre; nous y croyons, parce que nous croyons
que de plus en plus, dans tous les ordres, il se créera
un état de choses qui rendra la guerre impossible;
nous y croyons, parce que, quelles que soient les
hésitations et les ralentissements de la fin de ce
siècle, nous croyons, nous voulons croire que les

domaines de la raison ne sont pas pour diminuer, qu'ils sont, au contraire, pour s'agrandir dans tous les sens, parce que nous croyons que l'Idée du Droit monte, parce que nous croyons qu'elle se propage, et qu'en se rapprochant d'abord entre eux dans la Justice, il faudra bien que les hommes finissent par s'unir dans la Solidarité et dans l'Amour !

INDICATIONS HISTORIQUES

« Toutes les nations ont un droit des gens, a dit Montesquieu ; et les Iroquois même, qui mangent leurs prisonniers, en ont un. »

Et l'auteur de *l'Esprit des lois* ajoute immédiatement :

« Le mal est que ce droit des gens n'est pas fondé sur les vrais principes » (1).

L'histoire, presque toute entière, de cette morale internationale qu'on appelle le *droit international* ou *des gens* est contenue dans ces deux paroles. Dans aucun ordre, l'Idée du Juste n'a tardé plus à apparaître, n'a tardé plus à se développer et n'est plus encore dans l'enfance que dans celui des rapports internationaux.

De même que l'homme primitif, les sociétés primitives, — mais ici, il faut élargir singulièrement le sens des mots et par les sociétés primitives ce qu'il faut entendre, ce sont toutes les sociétés antiques, ce sont celles du Moyen Age et jusqu'à celles des commencements des Temps modernes — toutes les

____

(1) Montesquieu, *Esprit des lois*, livre I, chapitre III.

sociétés que nous venons de nommer n'ont cru au Droit que pour elles-mêmes, en d'autres termes ont nié le Droit et n'ont eu foi que dans la force.

Et en effet, parmi les sociétés de l'Antiquité d'abord, quelle est celle qui eût pu concevoir la notion et l'application de la Justice à l'égard des autres peuples?

Ce n'était pas l'Inde imbue de dogmes théocratiques et hiérarchiques et rangeant au dernier rang tous les étrangers (1).

Ce n'était pas le peuple juif, le peuple élu, tenant pour anathèmes tous les fils de Cham, et croyant avoir reçu d'en haut la mission de les exterminer tous (2).

Ce n'était même pas la Grèce proclamant par la voix de ses plus beaux génies, par celle de ce savant immense, Aristote, ou de cet artiste divin, Platon, que le Grec est fait pour commander et le barbare pour être esclave (3).

Et quant à Rome qui bâtit sur la force sa domination de l'univers, qui ne vécut que de la conquête et de l'esclavage des peuples, c'est sur les ruines de Carthage, de Numance, de Corinthe, que ses titres sont inscrits dans l'histoire du droit des gens (4).

(1) Les Mlétchhas, les méprisés, dit Manou.
Lois de Manou, Traduction de Loiseleur-Deslongchamps, liv. XII, p. 43.

(2) « Dans toutes les villes qui seront dans tes mains, dit Moïse à son peuple, n'épargne la vie à aucune âme vivante, mais tue avec l'épée tous les Hétéens, les Chananéens, les Amorrhéens, les Jébuséens, comme le commande le Seigneur » (*Deutéronome*, XX, 16).

(3) Aristote, trad. Barthélemy Saint-Hilaire, *Politique.*
Les cités helléniques finirent bien par reconnaître entre elles une certaine communauté de droit, mais elles en exclurent toujours soigneusement tous ceux qui n'avaient pas titre d'Hellènes.

(4) Montesquieu, *Grandeur et décadence des Romains*, chap. VI.
Les Romains admettaient, à la vérité, un droit qu'ils dési-

Jusqu'où n'avait pu s'élever et s'étendre l'esprit d'Athènes, même en son plus complet et plus magnifique épanouissement, le mysticisme chrétien était certes impuissant à y parvenir; — en vain l'apôtre Paul adresse-t-il, par l'apparence, son appel au Juif et au Grec, — en vain Augustin s'écrie-t-il que « tous les peuples désormais sont frères », — Tertullien, « qu'ils ne doivent tous former qu'un seul État qui est le monde entier; — Paul ne convie à venir à lui le Juif et le Grec qu'à la condition qu'ils se fassent chrétiens; — Augustin n'admet la fraternité que de tous les peuples chrétiens, et c'est de chrétiens uniquement que Tertullien entend composer sa République universelle (1).

gnaient sous le nom de *jus gentium*, droit des gens, mais ce droit des gens n'était qu'un droit international *privé*, et même qui n'était applicable qu'à une certaine catégorie d'individus étrangers, à ceux faisant partie des populations qui, sous des qualifications diverses, gravitaient dans l'orbite de Rome et dépendaient de Rome.

Par leurs origines, par le but qu'ils assignèrent à toute leur activité nationale et qu'ils ne cessèrent de poursuivre, par les pratiques constantes de leur politique à l'égard des autres peuples, les Romains furent toujours incapables de s'élever jusqu'à la conception d'un véritable droit des nations, et ce n'est point la vaine rhétorique de Cicéron et son banal éclectisme qui peuvent suffire à faire illusion sur ce point.

Toutefois, ce qui est exact, c'est qu'au Moyen Age, lorsque le droit civil de Rome devint une sorte de droit commun pour les peuples modernes en voie de formation, les jurisconsultes cherchèrent, dans les lois civiles romaines, des préceptes et des solutions pour tous les cas, pour toutes les causes, et aussi bien pour celles qui se rapportaient au droit international et au droit public que pour celles qui relevaient du droit civil proprement dit. Et de cette façon, le droit romain a été une des sources où ont puisé, au XVIᵉ siècle, les préparateurs du droit international.

(1) Épitres de Paul aux Galates, 3, 28. — Augustin, *Mœurs de l'Église catholique*, 6². — Tertullien, *Apologétique*, 39.

Or, attendez un peu le commentaire que vont fournir les Papes et les Empereurs. Les Empereurs puniront les apostats des derniers supplices, ils déclareront les hérétiques au ban de l'humanité (1), et, quant aux papes, après avoir déchaîné la persécution à l'intérieur des États, au sein des familles, de frère à frère (2), ils susciteront ces abominables guerres, dites de religion, qui se perpétueront durant des siècles et demeurent les épouvantements de l'histoire.

Aussi, non plus dans tout le Moyen Age que dans toute l'Antiquité, ne voit-on poindre l'idée d'une doctrine générale de Justice pour gouverner les rapports des nations, et n'est-ce qu'après quinze cents ans de Christianisme, au milieu du xvie siècle, qu'en apparaissent les premiers germes.

Nous sommes fort éloigné de vouloir diminuer la part qui revient à Grotius dans la conception de cette doctrine; mais Grotius compte, au moins, trois précurseurs dont il convient de dire quelques mots.

Le premier est un moine dominicain, Francisco de Victoria, qui, s'il ne sût s'affranchir de la méthode et de tout l'amas des erreurs théologiques accréditées en son temps, osa professer, sur la terre espagnole, au siècle de Charles-Quint, à celui de Philippe II, qu'il n'était pas permis de faire la guerre aux infidèles, même afin de les convertir, et, dans un ordre plus général, posa, au sujet de la guerre, des maximes qui non seulement laissaient son siècle loin derrière

____

(1) Voir L. 2, 3, 4, *Code théodosien*, XVI, 7.
(2) Saint Jean Chrysostôme. *Homélie sur le Psaume 43.*

lui, mais qui restent encore bien en avance sur le nôtre (1).

A la même date, Balthazar de Ayala écrivait sur le droit et les devoirs de la guerre, et eut le mérite nouveau de comprendre l'utilité pour appuyer ses enseignements, de faire appel à l'histoire (2).

Enfin, l'italien Alberico Gentili traita du droit des gens, dans ses principaux sujets, et continua à l'émanci er de la théologie; mais il lui manqua à la fois la largeur de vues et la vigueur d'esprit nécessaires pour en embrasser et en coordonner tous les éléments dans une vaste synthèse, et pour essayer, au-dessus des passions et des querelles de l'époque, d'en élever l'édifice à la hauteur scientifique (3).

C'est ce dessein que réalisa le hollandais Hugo

---

(1) Francisco de Victoria fut toutefois professeur à l'Université de Salamanque.

C'est dans deux dissertations, intitulées l'une : *Du Droit de la Guerre* (De jure belli), et l'autre : *Des Indiens* (De Indis), et écrites l'une et l'autre en 1550, qu'il émit les idées auxquelles nous venons de faire allusion.

Ces deux dissertations font partie d'un ouvrage du même auteur, publié en 1557, à Lyon sous le titre *Relectiones theologicæ*.

(2) L'ouvrage de Balthazar de Ayala est intitulé : *Du Droit est des devoirs de la guerre*, (De jure et officiis belli). Il parut en 1581.

(3) Alberico Gentilli fut professeur à l'Université d'Oxford.

Les deux principaux ouvrages qu'il publia sur le droit des gens sont un traité intitulé : *Du droit de la guerre* (De jure belli) un autre intitulé : *Des ambassades* (De Legationibus).

Le traité *Du droit de la guerre* parut en 1583; celui *Des ambassades*, en 1589.

Plusieurs historiens du droit des gens citent aussi Machiavel parmi les précurseurs de Grotius. Mais, quoique Machiavel, dans son *Prince* et surtout dans ses *Discours sur Tite Live*, ait maintes fois abordé les questions ayant trait aux rapports des peuples entr'eux c'est à l'histoire générale de la Politique, et non à celle d'une branche spéciale du Droit qu'appartient cet observateur, si plein de pénétration, ce génie, nourri de Rome, et qui fut aussi funeste que puissant.

Grotius, et si l'on ne peut dire de son *Droit de la Guerre et de la Paix* que ce livre ait ouvert des horizons nouveaux au genre humain, s'il faut bien reconnaître que, pour le fond des doctrines comme pour la méthode, Grotius, d'une manière générale, ne dépasse point son temps, que, par ses perpétuelles confusions du fait et du droit, il a souvent paru revêtir de son autorité les pires abus de la force, que, par ses théories sur la souveraineté, s'il ne livre pas les faibles pieds et poings liés aux puissants, il ne les en soumet pas moins à l'usurpation et à la tyrannie, toujours est-il que le *Droit de la Guerre et de la Paix* présente le tableau exact et complet des traditions, des coutumes et des idées qui réglaient, à l'époque, les rapports des nations entre elles, qu'en précisant ces traditions, ces coutumes, ces idées, il a fourni le moyen de les combattre, par conséquent de les améliorer et de les changer, et il n'est pas niable, au surplus, que Grotius donna l'impulsion à l'étude de cette morale internationale que l'on a qualifiée de droit des gens; il est pas niable davantage, que, jusqu'à la fin presque du xviiie siècle, il a exercé, non seulement dans les Universités et parmi les publicistes qui, après lui, s'occupèrent du même sujet, mais aussi dans les chancelleries et dans les conseils des hommes d'État, une influence prépondérante (1).

A partir de Grotius, c'est dans l'histoire des doctrines des philosophes, dans celle de l'enseigne-

(1) Ami du martyr de la liberté, Barneveldt, Grotius, évadé des prisons de sa patrie, se réfugia en France.
C'est là qu'en 1625, il publia le *Droit de la Guerre et de la Paix*.
Cet ouvrage fut a cueilli avec un enthousiasme qui, de nos

ment des jurisconsultes, dans celle des pratiques
des nations, qu'il y aurait à chercher l'histoire
complète du droit international et, en particulier, du
droit de la guerre. Pour en connaître les progrès
sérieux jusqu'à la Révolution française, il n'est
utile de s'arrêter qu'aux doctrines des philosophes (1).

C'est d'abord Hobbes (2) qui enseigne que « le

jours, il faut bien l'avouer, est de nature à nous surprendre;
dans le cours de sept années (1625-1632), il fut réédité quatre
fois, la première en Allemagne, les trois autres en Hollande.

Cent vingt-cinq ans plus tard, vers le milieu du xviiiᵉ siècle,
il en existait 45 éditions.

Deux ans à peine après sa publication (4 février 1627), le
Droit de la guerre et de la paix avait été mis à l'index par la
cour de Rome.

(1) Ce n'est pas que la liste des jurisconsultes qui, après
Grotius et jusqu'à la fin du xviiiᵉ siècle, ont traité du droit
des gens, ne soit considérable, et qu'il ne s'en soit rencontré qui n'aient amélioré, soit la méthode suivie avant eux,
soit certaines théories ; mais, au point de vue de la doctrine
générale du droit des gens et à celui du droit de la guerre en
particulier, aucun n'a laissé une trace qu'il soit possible ou utile de
marquer.

Les principaux sont :

Puffendorf, disciple de Grotius, né en 1631 ou 1632 et mort
en 1794;

Bynkershoeck, né en 1673 et mort en 1743;

Burlamaqui, né à Genève en 1694 et mort en 1750;

Vattel, né en 1714 et mort en 1767. — Cet auteur, qui n'a
absolument rien d'original, a longtemps joui d'une grande
autorité auprès des chancelleries; et ne serait-ce pas à raison
de sa médiocrité même ?

Voir, au surplus, pour les ouvrages de ces jurisconsultes nos
Indications bibliographiques, p.

(2) Hobbes, dans son traité *Du citoyen* (De cive), 1647.

Hobbes *qualifie* le droit des individus qu'il entend appliquer
aux Etats, il le qualifie de *naturel*, épithète excellente si elle
n'eut donné lieu, depuis des siècles et jusqu'à nos jours, à
tant d'équivoques et d'obscurités! *Droit naturel*, c'est-à-dire
droit rationnel, droit progressif et idéal ayant pour bases les
conditions sociales, sans cesse nouvelles, qui s'harmonisent avec
la *nature* des hommes, ayant pour moyen l'observation, de jour
en jour plus éclairée, de ces conditions.

droit des gens n'est que le droit des individus appliqué aux États »; seulement, Hobbes est l'auteur de l'adage fameux que « l'homme est un loup pour l'homme » et je crains fort qu'avec lui les peuples n'aient que peu à se réjouir d'avoir le même droit que les individus.

C'est Leibnitz et c'est Wolff pressentant qu'il doit exister une grande société des nations (1).

C'est Locke, condamnant le prétendu droit de conquête (2).

C'est le généreux abbé de Saint-Pierre qu'il faut saluer en passant, pour avoir, sous Louis XIV, rêvé de la paix perpétuelle entre les nations (3).

C'est tout le grand Dix-huitième siècle, c'est Montesquieu, c'est Mably, c'est Voltaire, c'est la légion des économistes; c'est Adam Smith et Hume, c'est Quesnay et Turgot, — et c'est enfin Jean-Jacques !

Jean-Jacques a deux titres incomparables dans l'histoire du droit des gens; il a repris et transformé, en philosophe, le *Projet de paix perpétuelle*

(1) Leibnitz, *Code diplomatique du droit des gens* (Codex juris gentium diplomaticus, 1693).

Wolff, *Traité du droit naturel d'après la méthode scientifique*, (Jus naturæ methodo scientifico pertractum, 1740-1749), et *Droit des gens* (Jus gentium, 1749).

(2) Voici les paroles de Locke au sujet du droit de conquête : « Il n'y a personne qui ne conviendra qu'un agresseur qui se met dans l'état de guerre avec un autre puisse jamais, par une injuste guerre, avoir droit sur ce qu'il aura conquis. Car, pourrait-on soutenir que des voleurs et des pirates aient droit de domination sur tout ce dont ils peuvent se rendre maîtres, ou sur ce qu'on aura été contraint de leur accorder par des promesses que la violence aura extorquées? » (Locke, *Essai sur le Gouvernement civil*, 1690).

Dans l'histoire de la raison et de la liberté, Locke, on le sait, est un ancêtre.

(3) *Projet de paix perpétuelle* de l'abbé de Saint-Pierre. Utrecht, 1713.

de l'abbé de Saint-Pierre (1), et, sous un certain aspect, il a renouvelé le droit de la guerre tout entier, en posant le principe que la guerre n'existe qu'entre les Etats.

C'est sur ce dernier point qu'il importe d'insister ici.

Dans l'admirable chapitre du *Contrat social* où il a pris corps à corps l'esclavage et les théoriciens de l'esclavage, Grotius en particulier, Jean-Jacques a écrit :

« La guerre n'est point une relation d'homme à homme, mais une relation d'Etat à Etat, dans laquelle les particuliers ne sont ennemis qu'accidentellement, non point comme hommes ni même comme citoyens, mais comme soldats (2). »

(1) Les idées de Jean-Jacques sur la paix perpétuelle sont bien plutôt, en réalité, les idées de Jean-Jacques que celles l'abbé de Saint-Pierre; mais, par un excès de scrupules, et aussi pour honorer le souvenir d'un véritable ami de l'humanité, Jean-Jacques ne voulut point que son ouvrage reçût un titre « qui lui attribuât davantage en propre, écrivait-il à son éditeur, un projet qui ne lui appartenait point, et c'est pourquoi il le présenta comme un simple *Extrait du Projet de paix perpétuelle* de M. l'abbé de Saint-Pierre (1761).

Hélas! une probité si haute n'a pas préservé, comme nous allons le voir, celui-là même qui l'exprimait en de tels termes d'une des plus étonnantes spoliations scientifiques que pour notre part, nous connaissions.

(2) *Contrat social*, édition Dalibon, p. 14.

Qui croirait que, parmi les nombreux publicistes qui professent le principe de Jean-Jacques, il ne s'en rencontre aucun qui paraisse se douter que ce principe vient de Jean-Jacques et qu'il est inscrit aux premières pages du *Contrat social!* Tous en rapportent l'origine et la formule à Portalis, et voici comment cette légende a pris naissance : Portalis qui connaissait le *Contrat social* mieux, à ce qu'il paraît, qu'on ne l'a connu depuis, ayant à inaugurer par un discours le Conseil des prises (14 floréal an VIII), pensa qu'il ne pouvait choisir un thème plus nouveau, plus capable de faire honneur, que le principe de Jean-Jacques; seulement,

Or, jusqu'à Jean-Jacques, ce que l'on avait enseigné, c'est que lorsque la guerre est déclarée à un *peuple*, elle est en même temps déclarée à tous les hommes de ce peuple, c'est qu'elle est déclarée aux femmes, c'est qu'elle est déclarée même aux enfants (1).

C'est là le droit qu'a abrogé Jean-Jacques, et c'est sur le fondement jeté par lui qu'ont bâti presque tous les jurisconsultes et tous les publicistes qui ont traité du droit de la guerre depuis Jean-Jacques (2).

il oublia de dire que ce thème et les paroles même dans lesquelles il l'exprimait ne lui appartenaient pas, qu'il avait emprunté le tout à Jean-Jacques, et, comme les auteurs étaient plus portés à consulter le légiste que le philosophe, comme c'est, du reste, aussi une légende que le génie juridique de Portalis, on a attribué à Portalis ce qui revenait à Jean-Jacques. Or, si la méprise peut, à la rigueur, se concevoir de la part d'auteurs étrangers, tels que Wheaton, Heffter, Bluntschli, Fiore, comment comprendre qu'elle ait été répétée, chez nous, par un professeur aussi notable que M. de Laboulaye, l'éminent éditeur de Montesquieu (Préface de la 1re édition du *Droit international codifié* de Bluntschli. 2e édit. p. xxvii), et qu'elle n'ait point été relevée par un écrivain aussi compétent et, d'ordinaire, aussi exact que M. de Molinari (Préface de la seconde édition de Bluntschli.)

Toujours est-il que c'est assurément le cas d'appliquer ici, après plus d'un siècle, la devise suprême : « A chacun le sien ! »

(1) « Le massacre des femmes et des enfants, écrivait Grotius, est compris dans le droit de la guerre. (*Le Droit de la guerre et de la paix*. Tr. Pradier-Fodéré, livre III, chap. iv, ix).

(2) Wheaton est un des rares auteurs qui soutiennent encore, en principe, que : « tous les membres de l'Etat ennemi peuvent légalement être traités comme ennemis dans une guerre publique. » Cet écrivain ajoute, d'ailleurs, « qu'il ne suit pas de là que tous ces ennemis doivent être traités de la même manière. » (*Eléments de droit international*, 5e édit., t. II, p. 4).

Quant à nous, qui considérons le principe de Jean-Jacques, comme gros du plus grand progrès dont soit susceptible la théorie du droit de la guerre, nous ne nous abusons pas cependant sur la valeur qu'il est appelé à conserver dans un avenir plus ou moins lointain.

Il faut bien reconnaître, en effet, que ce principe si tutélaire et qui a été en complète harmonie avec les faits aussi longtemps que les populations, prises en masse, ont été étrangères à la direc-

En somme, à l'époque de la Révolution française, ce que l'on rencontre dans la doctrine du droit de la guerre, ce sont les aperceptions humanitaires et profondes, il faut bien ajouter, parfois aussi quelque peu vagues des philosophes, les économistes exceptés; c'est un amas de coutumes barbares, diverses, incertaines, qui s'améliorent avec une extrême lenteur, et que les belligérants sont d'autant plus enclins à contester qu'elles tendent à s'améliorer davantage; enfin, c'est un principe, le principe de Jean-Jacques.

On sait la période de guerres qui s'ouvre avec la Révolution et ne se termine qu'à la chute définitive du premier Empire; la Révolution, menacée, est obligée de lutter contre la coalition des rois, et, si elle finit par l'écraser, ce n'est qu'après une merveilleuse épopée de combats et de victoires. Alors, survient un conquérant que possède le rêve monstrueux de mettre sous son joug le monde, qui bouleverse quinze ans l'Europe, et quinze ans y entasse les ruines, y fait couler des flots de sang.

Mais si, durant cette longue période, les pratiques de la guerre retournent à tous les excès, si la Révolution elle-même se crut réduite à des nécessités de défense qu'il est impossible de justifier, jamais, en

tion de l'Etat, deviendra de plus en plus une fiction, à mesure que les populations acquerront la direction de l'Etat, ou, pour mieux dire, que l'Etat, en fait, ira se confondre avec elles.

Et si l'idée de la paix universelle ne se développait pas d'un mouvement aussi rapide que le sentiment du droit des populations sur elles-mêmes, un jour viendrait sûrement où cette barrière de la distinction de l'Etat et de ceux qu'il contient ne pouvant plus être dressée, les individus, comme aux temps barbares, mais dans les conditions d'une lutte bien autrement terrible, se trouveraient face à face dans la guerre.

Et, de là aussi, nous concluons à l'abolition future de la guerre.

revanche, l'idée du droit qui doit régler les rapports des nations comme ceux des individus ne s'éleva plus haut; jamais ne s'attesta, d'une manière plus éclatante, la foi dans les destinées de paix du genre humain.

Et ce ne fut point un peuple, en particulier, qui affirma ce droit et cette foi : ce fut la France avec Condorcet, ce fut l'Allemagne avec Kant, ce fut l'Angleterre avec Bentham.

Nul penseur, au même degré que Condorcet, n'a été pénétré de l'esprit de la Révolution, et cet esprit, dans l'ordre international;

C'est que les peuples ne doivent prendre les armes que pour le maintien de la liberté;

C'est qu'ils doivent renoncer à la conquête;

C'est qu'ils sont solidaires les uns des autres, qu'ils le sont dans la paix comme dans la liberté (1).

Kant et Bentham ont le même dessein; ils se font immédiatement les législateurs de la paix perpétuelle.

Pour Kant, les premières conditions de l'établissement de la paix entre les nations :

C'est que la constitution de chaque État soit républicaine;

C'est que la paix ait pour base une fédération d'États libres (2).

Quant à Bentham, il propose d'abord la rédaction d'un code international universel; puis, après avoir démontré que les sources des guerres peuvent être de

(1) Condorcet, *Projet de constitution*, livre XIII. Voir aussi ses *Lettres d'un citoyen des États-Unis à un Français* et surtout le livre qui fut son testament, l'*Esquisse des progrès de l'esprit humain*.

(2) Kant, trad. Barni, *Doctrine du Droit*, p. 289. La *Doctrine du Droit* parut en 1797.

plus en plus taries, il veut qu'on forme un congrès composé des représentants de tous les États et ayant pour mission de décider des litiges qui pourraient encore surgir entre eux (1).

Que dire maintenant des progrès du droit des gens et, en particulier, du droit de la guerre dans ce siècle? Où en sont les doctrines philosophiques et les théories juridiques relatives à la guerre? Où en sont les pratiques de la guerre?

C'est principalement par les publicistes qui, depuis la fin des guerres de l'Empire, se sont occupés des questions concernant le bien-être matériel des peuples, que s'est continuée, au sujet de la guerre et du droit international, la tradition des philosophes du XVIIIe siècle (2). S'il est, en effet, une matière propre à mettre en évidence la solidarité des peuples dans la paix ou dans la guerre, c'est assurément celle des rapports économiques, celle de la production, des échanges, de la consommation, et il n'en est aucune qui fasse apparaître, dans des réalités p...s saisissantes et des résultats plus funestes, combien la guerre accumule de ruines, non seulement pour les peuples qui combattent entre eux, mais en même temps pour tous les autres. Aussi les économistes de toutes les écoles sont-ils d'accord pour considérer la guerre comme le pire fléau des nations, et n'est-il

(1) Le projet de paix perpétuelle de Bentham a été rédigé de 1786 à 1789, d'après les dates des manuscrits. Il se trouve dans ses œuvres complètes, publiées, pour la première fois, en 1839, par son exécuteur testamentaire, John Bowring (part VIII, p. 537 à 554, London).

(2) Parmi ces publicistes, il faut citer, en première ligne, l'école Saint-Simonnienne dont l'enseignement provoqua un si considérable mouvement économique et industriel.

pas douteux qu'en s'efforçant de multiplier chaque jour davantage les relations économiques entre tous les peuples du globe, on travaille d'une des manières les plus efficaces à guérir les races humaines de l'inqualifiable folie qui les pousse aux conflits sanglants.

Quant aux théories juridiques actuelles sur le droit de la guerre, c'est un des objets de ce petit livre d'en exposer l'ensemble ; il nous suffira de dire ici qu'à part le principe de Jean-Jacques, adopté aujourd'hui, comme nous l'avons indiqué plus haut, par la presque unanimité des jurisconsultes, à part en outre les conséquences qu'en ont plus ou moins amplement déduites les jurisconsultes et les hommes d'État, les seuls progrès notables qui, depuis le commencement de ce siècle, se soient accomplis dans le droit de la guerre se rapportent :

A la neutralisation des ambulances des armées en campagne (1) ;

A la restriction du droit de prises maritimes (2) ;

A la détermination, à la fois plus large et mieux définie, du droit des neutres (3).

Et, sur ces deux derniers points, il n'est qu'exact d'ajouter que c'est à la diffusion, toujours plus grande, des idées économiques, qu'est dû l'avancement du Droit.

Restent les usages.

Il est certain que les usages et les mœurs de la guerre n'ont pu échapper entièrement à l'action générale des progrès de la civilisation, mais de récents

(1) Voir plus bas, p. 72 la Convention de Genève,
(2) Voir plus bas, p. 133 le Traité de Paris.
(3) Voir aussi plus bas, p. 143 et suiv. le Traité de Paris.

exemples ne témoignent que d'une façon trop flagrante combien, sous le voile de théories, souvent hypocrites et fallacieuses, peuvent s'abriter encore d'iniquités et d'atrocités.

En résumé, bien qu'il soit dans la nature même de la théorie du droit de la guerre de comporter toujours de vastes desiderata, on ne pourrait que souhaiter que les jurisconsultes de toutes les nations se concertâssent, pour en combler plus ou moins les lacunes, pour en faire disparaître les incohérences et les équivoques, pour en bannir tout ce qui y subsiste encore des pratiques des âges barbares, pour en constituer enfin le système en vue d'amener progressivement le règne de cette grande et glorieuse idée de paix universelle et perpétuelle qui fut le rêve des meilleurs génies et qui plane au-dessus de nos querelles, de nos fureurs, de nos misères, comme la plus féconde espérance de l'avenir du genre humain !

INDICATIONS BIBLIOGRAPHIQUES

Les auteurs et les ouvrages les plus utiles à consulter, pour l'étude du droit international, et que l'on trouvera, en général, cités dans ce petit livre sont :

Grotius, traduit par Barbeyrac. *Le Droit de la Guerre et de la Paix*. Bâle, 1768, 2 vol.

Autre traduction du même ouvrage, par Pradier-Fodéré.

Cette nouvelle traduction porte la mention : *Mise*

au courant des progrès du *Droit public moderne*, et elle est suivie d'une table analytique des matières.

Puffendorf, traduit par Barbeyrac. *Traité du Droit de la nature et des gens.* Amsterdam, 1734. 2 vol.

Bynkershoëk. *Quæstionum juris publici libri duo.* Leyde, 1737.

Burlamaqui, traduit par De Felice. *Principes du Droit de la nature et des gens.* Yverdon. 1766-1768. 8 vol.

Wolff. *Principes du Droit de la nature et des gens.* Extrait du grand ouvrage latin de M. Wolff, par M. A. Formey. Amsterdam, 1758. 2 vol.

Vattel, traduit par Pradier-Fodéré. *Le Droit des gens,* ou Principes de la loi naturelle appliqués à la conduite et aux affaires des nations et des souverains. 1863. 3 vol.

Cette traduction porte la mention : *Mise au courant des progrès du Droit public moderne,* et elle est suivie d'une table analytique des matières.

Jean-Jacques Rousseau. *Le Contrat social.* Edit. Dalibon, Paris, 1824.

Hautefeuille. *Droits et devoirs des nations neutres, en temps de guerre maritime.* 3e édit., Paris, 1869. 3 vol.

G.-F. de Martens. *Précis du Droit des gens moderne de l'Europe,* augmenté des notes de Pinheiro-Ferreira, et annoté par Ch. Vergé. 2e édit., Paris, 1864. 2 vol.

Wheaton. *Histoire des progrès du Droit des gens depuis la paix de Westphalie.* 3e édit., Leipzig, 1853. 2 vol.

Le même. *Eléments du droit international.* Leipzig, 5e édit., 1874. 2 vol.

Kluber, traduit et annoté par Ott. *Le Droit des gens moderne de l'Europe*. 2ᵉ édit. Paris, 1874. 1 vol.

Bluntschli, traduit par Lardy, avec deux préfaces, l'une de M. Edouard Laboulaye, et l'autre de M. de Molinari. *Le Droit international codifié*. Paris, 1874. 1 vol.

Instructions pour les armées en campagne de l'Union américaine. Elles ont été reproduites par Bluntschli comme appendice de l'ouvrage précédent.

Funk-Brentano et Albert Sorel. *Précis du Droit des gens*. Paris, 1877. 1 vol.

Calvo. *Le Droit international théorique et pratique*. 3ᵉ édit., Paris, 1880-1881. 4 vol.

Ce consciencieux ouvrage est un véritable répertoire du droit international.

Heffter, traduit par Bergson. *Le Droit international de l'Europe*. 4ᵉ édit. française, augmentée et annotée par Geffcken. Berlin et Paris, 1883. 1 vol.

Fiore, traduit et annoté par Charles Antoine. *Le nouveau Droit international public suivant les besoins de la civilisation moderne*. 2ᵉ édit., Paris, 1985 et 1886. 3 vol.

Revue de Droit international et de législation comparée, publiée à Gand par MM. Asser, Rolin-Jacquemyns, Westlake, Arntz et Rivier.

Annuaire de l'Institut du Droit international.

Pour les traités concernant la France, l'ouvrage à consulter est :

Le Recueil des Traités de la France (1713-1780), publié sous les auspices du Ministère des Affaires étrangères, par De Clercq. Paris. 12 vol. grand in-8º.

PRINCIPALES DIVISIONS

Dans un chapitre préliminaire, nous résumerons l'exposé des moyens, autres que la guerre, de résoudre les conflits entre les États.

Quant au droit de la guerre, nous diviserons la matière de la façon suivante :

1° Théorie générale du droit de la guerre ;

2° Déclaration de guerre et ses effets ;

3° Belligérants ;

4° Alliés ;

5° Moyens de nuire à l'ennemi ;

6° Droits et devoirs des États belligérants par rapport à l'État ennemi, en cas d'occupation du territoire ennemi ;

7° Droits et devoirs des États belligérants par rapport aux ressortissants de l'État ennemi ;

8° Droits et devoirs des États belligérants par rapport à la propriété sur terre des ressortissants de l'État ennemi ;

9° Relations d'ordre pacifique, soit entre les ressortissants des États belligérants, soit entre les États belligérants eux-mêmes ;

10° Fin de la guerre ;

11° Traités de paix ;

12° Clauses des traités de paix qui sont contraires au droit des peuples sur eux-mêmes ;

13° Coutumes particulières à la guerre maritime ;

Dans un appendice, nous traiterons de la neutralité.

CHAPITRE PRÉLIMINAIRE

MOYENS, AUTRES QUE LA GUERRE, DE RÉSOUDRE LES CONFLITS ENTRE LES ÉTATS

Ces moyens, enseignent les auteurs, sont de trois sortes :

Les moyens amiables;

Les arbitrages ;

Les moyens violents.

Moyens amiables.

Les moyens amiables consistent :

Dans les négociations par la voie diplomatique entre les deux États contendants;

Dans un appel à l'opinion publique, à laquelle sont livrés les documents et les pièces justificatives qui concernent le litige, après que les négociations n'ont abouti à aucun résultat satisfaisant et qu'elles ont été rompues (1) ;

Dans les bons offices ou dans la médiation d'une puissance amie (article 8 du traité de Paris du 16 avril 1856) (2) ;

(1) Heffter, annoté par Geffcken, p. 235.
Si énervée de nos jours que soit l'opinion, elle commande même aux États qui en paraissent être les plus indépendants et qui sont le plus enorgueillis de leur force; et puis, nous traversons une phase, et l'opinion se relèvera.
(2) Le droit international étant encore, bien plus que les

Dans les congrès et conférences (1) ;
Dans les entrevues de princes et de souverains ;
Dans les échanges de notes (2).

Arbitrage.

De même qu'en matière civile les particuliers, lorsqu'ils ne peuvent arriver à régler une contestations existant entre eux, ont le droit, pour le

autres branches du droit positif actuel, une collection de règles d'expédient, ce n'est pas par la précision du langage qu'il brille ; nous n'en essayerons pas moins de lui donner, le plus possible, cette précision. C'est ainsi que nous dirons de la médiation que, d'une manière générale, elle a un caractère déterminé que n'ont pas les simples bons offices, et que spécialement elle en diffère en ce qu'elle suppose toujours un accord entre les parties sur le choix du médiateur, en ce qu'en outre le médiateur doit toujours faire des propositions pour amener la solution du conflit, en ce qu'enfin l'intervention d'un médiateur entraîne de plein droit la suspension des hostilités, tant que le médiateur n'a pas terminé ses fonctions. Il va, d'ailleurs, de soi, et il est admis par tous les écrivains du droit des gens, que le médiateur ne devient garant de l'exécution des mesures adoptées qu'en vertu d'une stipulation expresse.

(1) La différence la plus générale entre les *Congrès* et les *Conférences*, c'est que les Congrès ont une importance que n'ont pas les Conférences. Les Conférences ne s'appliquent qu'à un objet défini ; souvent elles préparent la solution des questions sans les décider, et les négociateurs qui y figurent sont, en général, d'un moins haut rang que ceux qui font partie des Congrès.

On appelle *Protocoles* les procès-verbaux qui constatent les délibérations des Congrès et des Conférences ; on donne aussi tantôt ce nom, tantôt celui de *Déclaration* au document qui constate les points sur lesquels l'accord s'est établi dans les Conférences.

(2) Les différends entre les nations peuvent, d'ailleurs, se terminer par une transaction, par la renonciation tacite de l'une des parties avec ou sans une protestation destinée à sauvegarder l'avenir, enfin par la reconnaissance que fait l'une des parties des prétentions de la partie adverse.

faire, de s'en référer à la décision d'un ou de plusieurs arbitres, de même les Etats entre lesquels s'est élevé un conflit, lorsque les négociations directes ne parviennent pas à le faire cesser, procèdent-ils parfois de la même manière.

Comme en matière civile aussi, la convention que font deux Etats de recourir à un arbitrage portent le nom de *compromis* ou d'*acte d'arbitrage*.

La sentence arbitrale est sans appel en droit international, de même qu'en droit civil; mais elle peut être attaquée comme nulle dans les cas suivants :

1° Lorsque l'arbitre était atteint d'une incapacité légale ou mentale ignorée de l'une des parties ;

2° Lorsque l'arbitre ou la partie adverse n'a pas agi de bonne foi ;

3° Lorsque l'une des parties n'a pas été entendue ;

4° Lorsque l'arbitre a outrepassé ses pouvoirs ;

5° Lorsqu'il a statué sur des choses non demandées ;

6° Lorsque la sentence arbitrale contient des dispositions qui seraient nulles dans un contrat ou dans un traité.

Du reste, la sanction juridique, le moyen de contrainte par une force publique organisée, manque à la sentence arbitrale comme à tout le droit international (1).

---

(1) Et c'est là ce qui fait que ce droit est bien plutôt une morale qu'un droit.

La pratique des arbitrages est d'une date ancienne ; de nos jours, elle a produit, dans plusieurs circonstances, d'heureux résultats, et certains sont allés jusqu'à y voir le moyen de fonder la paix perpétuelle entre les Etats.

Nous sommes loin, pour notre part, de lui attribuer une por-

Moyens violents.

Les auteurs tombent d'accord qu'un État ne doit recourir contre un autre État aux moyens violents qu'après avoir épuisé les négociations absolument pacifiques (1).

Les moyens violents, autres que la guerre, pour résoudre les conflits entre les États, sont, toujours d'après les auteurs :

La rétorsion ;

Les représailles ;

L'embargo ;

Le blocus commercial.

Nous dirons, quant à nous, tout à l'heure, pour chacun des moyens violents, ce que nous en pensons ; mais il y a lieu de remarquer au préalable :

Que la plupart des moyens violents sont en réalité des faits de guerre ;

Qu'ils sont, aux mains des forts, des moyens d'opprimer les faibles sans recourir à la mesure, pleine de responsabilités, de la déclaration de guerre ;

tée si considérable ; nous estimons que l'arbitrage ne peut servir qu'à vider des différends d'un intérêt tout à fait secondaire, et, quant au problème de l'abolition de la guerre, nous le jugeons à la fois moral, juridique et économique. Dans l'ordre juridique, pour que les guerres deviennent de plus en plus rares et finissent par disparaître, ce qu'il faut, répétons-le :

C'est d'abord que les peuples soient maîtres d'eux-mêmes ;

C'est ensuite qu'ils forment des confédérations. Voir dans notre Bibliothèque l'Idée du Droit, p. 35-39.

Consulter sur les règles de l'arbitrage international, Heffter, p. 237 et suiv. — Bluntschli, articles 488 et suiv. — Calvo, t. IV, p. 545 et suiv.

(1) Cette même idée fut à peu près formulée, au Congrès de Paris (14 avril 1856), par les grandes puissances européennes (Angleterre, Autriche, France, Prusse, Turquie).

Qu'enfin, dans les États, où ce n'est que du consentement formel des représentants de la nation que la guerre peut avoir lieu, ils fournissent à l'exécutif des moyens de faire la guerre sans ce consentement.

Rétorsion. — La rétorsion suppose qu'un État, sans excéder ses droits envers un autre, use d'un mauvais procédé envers lui; la rétorsion consiste dans une réponse de même sorte du second État au premier.

Si, par exemple, un État accroît dans un but hostile les droits d'entrée sur les produits d'un autre, et que l'autre, selon l'expression vulgaire, lui rende la pareille, il y aura rétorsion, une rétorsion légitime au point de vue du droit international (1).

Représailles. — « On nomme *représailles*, dit un auteur accrédité (2), les moyens employés par un État pour faire comprendre à un autre État l'iniquité de sa conduite, en lui faisant subir un dommage dont il est forcé de reconnaître l'injustice, afin de l'engager à revenir sur sa conduite et à fournir satisfaction à l'État lésé (3). »

Ce qui ressort de ces termes c'est que les repré-

(1) Il restera à savoir si cette rétorsion sera profitable à l'État qui la pratique, et si, pour continuer l'exemple, la guerre des tarifs n'est pas tout d'abord nuisible à celui qui l'entreprend ou la soutient.

On peut citer dans cet ordre, comme exemple d'une rétorsion funeste, le célèbre *Blocus continental* décrété par Napoléon contre l'Angleterre.

(2) Bluntschli, art. 500.

(3) Cette définition qui, tous autres points de vue à part, ne se distingue pas précisément par sa netteté, est encore une des moins vagues que présentent les auteurs.

sailles impliquent plus qu'un mauvais procédé, mais une violation du droit de la part de l'Etat contre lequel un autre Etat en use.

Il y a des représailles dites *négatives*, d'autres dites *positives*.

Sont des représailles *négatives*, par exemple, la dénonciation des traités existants, le retrait des avantages accordés aux ressortissants de l'Etat qui a violé le Droit.

Sont des représailles *positives*, par exemple, la saisie de gages matériels, la détention de territoires.

On professe :

Que les représailles cessent d'être autorisées lorsque la violation du droit qui les a provoquées est réparée;

Qu'un particulier ne peut, dans aucun cas, être investi du droit de représailles (1).

(1) On ne s'entend, au surplus, ni sur la liste des actes autorisés à titre de représailles, ni sur le fondement du droit de représailles.

D'après Bluntschli, déjà cité, les actes de représailles autorisés seraient d'une manière générale :

« 1° La mise sous séquestre des biens appartenant à l'adversaire et situés sur le territoire de l'Etat réclamant, ou, suivant les circonstances, la constitution d'hypothèque sur ces mêmes biens;

» 2° La mise sous séquestre de biens appartenant à des citoyens de l'Etat avec lequel on est en conflit et situés sur le territoire propre, lorsque l'adversaire, en violation du droit international, a saisi les biens possédés sur son territoire par des citoyens de l'autre Etat;

» 3° L'interruption des relations commerciales, postales, télégraphiques ou autres entre les deux pays;

» 4° Le renvoi ou l'expulsion des ressortissants de l'Etat étranger;

» 5° L'arrestation, à titre d'otages, des personnes qui représentent l'Etat étranger ou en sont ressortissants;

» 6° L'intervention de fonctionnaires ou même de citoyens de l'Etat étranger, lorsque ce dernier s'est saisi   stement de citoyens de l'Etat qui use de représailles;

Embargo. — L'embargo est une espèce de représailles consistant dans une main-mise sur les propriétés publiques ou privées d'un autre État, mais plus spécialement sur les navires marchands qui appartiennent à cet autre État et qui sont mouillés dans les ports de l'État qui recourt à l'embargo.

D'après les auteurs, le but de l'embargo serait surtout d'avoir sous la main un nombre de navires suffisant pour user de représailles envers un ennemi qui abuserait du droit de *prises maritimes* (1).

» 7° Le refus d'exécuter les traités ou la dénonciation des traités existants;

» 8° Le retrait des privilèges ou des droits accordés aux ressortissants de l'Etat étranger. »

Le même jurisconsulte proscrit, à l'inverse:

« 1° Les cruautés exercées contre les ressortissants de l'Etat étranger;

» 2° L'autorisation accordée par l'Etat à des particuliers de courir sus aux citoyens d'un Etat étranger, de les tuer, de détruire leurs biens, de s'en emparer... »

Nous n'essaierons pas de critiquer la double énumération qui précède; nous nous bornerons à faire remarquer que leur auteur affaiblit singulièrement la valeur de la première en ajoutant que « les moyens de représailles ne sauraient être énumérés d'avance; qu'ils varient suivant la nature des conflits, suivant les peuples et qu'ils changent d'aspect à mesure que l'injustice se présente sous une forme différente (Bluntschli, article 500).

C'était, en vérité, bien la peine de dresser la liste que nous avons citée!

Quant à nous, nous repoussons le mot et l'idée de *représailles*. Pour ce qui est de la chose, nous distinguons : En principe et sauf à les inventorier, le Droit peut d'abord admettre les actes dits: *Représailles négatives*, et continuer à les classer parmi les moyens de prévenir la guerre.

À l'égard des actes, dits: *Représailles positives*, ils doivent être réputés des *faits de guerre*: donc, ils ne sauraient être admis que tout autant que la légitime défense l'exige et dans la mesure où elle l'exige (V. plus bas. p. 59).

(1) Ce que nous venons de dire des représailles s'applique évidemment à l'embargo; nous ne l'admettons que comme *fait de guerre*, sauf le cas où il a le caractère d'un simple acte de

On enseigne :

Que les personnes, marins ou autres, embarquées sur les navires frappés d'embargo ont droit à l'entretien pour tout le temps que dure l'embargo;

Que si la guerre n'a pas lieu, les navires sont fondés à réclamer une indemnité (1).

Blocus pacifique, dit aussi : *Blocus commercial.* — Ce blocus a été imaginé dans notre siècle par les États qu'on appelle : Les grandes puissances européennes (2) et pratiqué plusieurs fois par elles. A la

sûreté intérieure, destiné, par exemple, à faciliter des recherches judiciaires ou de police.

Quant à l'utilité principale qu'on lui assigne pour le cas de guerre, elle disparaîtrait le jour où l'on abolirait, comme il serait juste (voir plus bas, p.   ), le droit de prise sur les navires appartenant à des particuliers.

(1) Avec l'embargo il ne faut confondre ni *l'arrêt de prince* ni *l'angarie.*

L'arrêt de prince est la défense faite, en cas de guerre, à des navires neutres de quitter momentanément leur mouillage.

L'angarie est la réquisition faite par les belligérants de navires neutres qui se trouvent dans leurs eaux en vue de s'en servir pour leurs transports maritimes et pour leurs opérations de guerre en général. Cette réquisition peut aller jusqu'à l'immersion du navire neutre à l'entrée d'un port ou dans un fleuve.

On enseigne qu'en cas de nécessité urgente l'embargo peut être employé comme un préliminaire de l'angarie (Heffter p. 245). Mais à quels abus ces pratiques de la guerre ne prêtent-elles pas !

(2) Nous avons indiqué plus haut quels sont les États qui s'attribuent le titre de grandes puissances.

(2) Heffter, p 246 et 247.

Bluntschli qui admet le blocus pacifique ne veut cependant pas qu'il soit applicable aux neutres. Selon lui, ce blocus aurait pour unique effet d'interrompre le commerce entre les ressortissants de l'État bloqué et ceux de l'État qui a ordonné le blocus.

Voilà un blocus aussi singulier que le droit sur lequel on essaierait de le fonder !

En réalité, le blocus pacifique n'est qu'un nouveau moyen déguisé de faire la guerre, sans la déclarer.

suite sont venus les auteurs et, la plupart, voyant la mesure appuyée d'une telle sorte, n'ont pas manqué de lui donner la sanction de leur adhésion.

D'après ce qu'on enseigne, le blocus pacifique pourrait être *continental* ou *maritime*; régulièrement proclamé (voir plus bas, p. 158), il devrait être respecté par les neutres; seulement, ce ne serait qu'après une déclaration de guerre que la confiscation des objets saisis pourrait être prononcée.

CHAPITRE PREMIER

THÉORIE GÉNÉRALE DU DROIT DE LA GUERRE

> « La guerre n'est point une relation d'homme à homme, mais une relation d'État à État, dans laquelle les particuliers ne sont ennemis qu'accidentellement, non point comme hommes, ni même comme citoyens, mais comme soldats. »
> J.-J. ROUSSEAU,
> (*Contrat social*).

Élevée au niveau scientifique, la théorie du droit de la guerre est contenue, pour le tout, dans les trois propositions suivantes :

La première est, comme nous l'avons exposé dans nos *Idées générales*, que la guerre ne peut avoir une autre cause de justice que l'intérêt de la légitime défense.

La seconde est, comme nous l'avons montré au même lieu, que la guerre ne peut avoir un autre but de justice que de faire rentrer dans le droit l'État qui en est sorti.

La troisième due, comme nous le savons, à Jean-Jacques, est, selon l'explicite et illustre parole rappelée en tête de ce chapitre, que la guerre constitue une relation d'État à État.

Les deux premiers principes ne sauraient comporter aucune exception; en dehors d'eux, la guerre n'est qu'un fait de force, un fait que l'on essaiera en vain de couvrir des règles et des apparences du droit, qui n'en demeurera pas moins le fait le plus inique, le plus brutal, comme aussi le plus insensé, en tous ordres le plus monstrueux, qui se produise sur le globe qu'habitent les hommes.

Quant au principe de Jean-Jacques, que la guerre est une relation d'État à État, nous n'y apporterons qu'un tempérament: certes, il est exact en droit, et combien, au point de vue historique, ne l'a-t il pas encore été davantage ! Certes, il est, disons-nous, exact que l'État ne se confond pas avec les citoyens, que la collectivité, prise comme collectivité et comme personne, est distincte des individus dont elle est formée; mais si, par une hypothèse que plusieurs fois dans le cours des siècles le fait a vérifié, si, au temps actuel, contrairement à tout ce qui est aujourd'hui pour nous le sens moral, à tout ce qui est pour nous le droit humain, une nation se ruait sur une autre dans l'intention manifeste de la démembrer et de la détruire; ce n'est plus de la lutte seule de deux États qu'il s'agirait pour le droit lui-même; en faisant une guerre de démembrement et de destruction à l'État qu'il envahit, c'est à chaque citoyen que l'envahisseur déclare la guerre; c'est donc le droit de chaque citoyen directement et individuellement qu'il fait naître, c'est le droit pour chacun de résister et de se défendre au couteau.

Voyons maintenant quelle est sur ces deux principes la doctrine des auteurs, autant du moins qu'ils professent une doctrine générale quelconque.

D'abord, presque tous les écrivains du droit des gens enseignent de nos jours que la guerre est une relation d'État à État; malheureusement, il en est peu qui ne se laissent entraîner, dans l'application, par les gestes souvent iniques, souvent même odieux des États, et qui, après avoir proclamé le principe, ne le faussent dans ses conséquences.

Quant aux causes légitimes et au but légitime de la guerre, nous résumerons ce qu'en a écrit un des auteurs dont le langage est réputé un des plus nets et qui est un des plus accrédités.

D'après Bluntschli, les causes de la guerre, les causes selon le droit, sont :

La violation grave des droits d'un État;

La dépossession violente ;

Les atteintes portées par un État aux *bases* sur lesquelles reposent l'ordre et le droit dans l'Humanité (voir au sujet de ces bases, p. 112 note 2);

Les atteintes portées aux droits historiques et acquis;

Les obstacles injustement apportés à la formation et au développement du droit nouveau (1).

Dans cette phraséologie, à la fois redondante,

____

(1) Bluntschli, articles 511 et 517.

emphatique et futile, au moyen de laquelle il n'est aucun attentat contre la liberté d'un peuple qui ne pût être justifié, nous ne voyons d'intérêt à examiner que les deux dernières causes, celle dite du *droit historique*, et celle des *obstacles injustement apportés à la formation et au développement du droit nouveau.*

Et d'abord, quant au premier point, y a-t-il un droit susceptible d'être nommé : *Droit historique?* Y a-t-il un droit en dehors du Droit — du Droit sans qualificatif? Y a-t-il un droit en dehors de ce double idéal, un droit qui cesserait de s'en rapprocher ou de graviter vers lui, à savoir *le droit pour les peuples de s'appartenir, le droit pour les individus de s'appartenir?* Or, ou l'histoire, réalisation successive et progressive de cet idéal, n'a fait manifestement que s'avancer vers l'affranchissement des individus et des peuples, que s'avancer vers la liberté, et tout ensemble l'état de choses qu'elle a créé est en harmonie avec le vœu des générations existantes, d'où il appert que, dans ce cas, le droit historique, c'est purement le *Droit*; ou l'histoire peut sembler être sortie de ses voies, elle a violenté la volonté des générations passées, elle violente celle des générations actuelles, et, dans ce cas, le droit historique ne devient que le pire mensonge sous lequel se dissimulent l'oppression et l'injustice !

Pour ce qui est de l'autre cause, des obstacles *injustement apportés à la formation et au développement du droit nouveau*, sans nul doute, nous aussi, nous l'admettons, cette autre cause, mais à la condition qu'il soit bien entendu que le *droit nouveau* c'est sans équivoque le *Droit*, que c'est le *droit de*

la liberté, et que l'injustice c'est tout effort contre
la marche en avant vers la liberté (1).

Des causes de la guerre passons à son but, et
interrogeons le même jurisconsulte que tout à l'heure
sur le but de la guerre.

Bluntschli professe que « le but de la guerre
n'est pas toujours déterminé par la cause de la
guerre », c'est-à-dire même par les causes de la
guerre dont il a donné la large formule (voir plus
haut), que « ce but s'agrandit par suite des circonstances que la guerre vient ajouter au but primitif »
que si l'on est le plus fort, « il ne s'agit plus
uniquement d'obtenir des indemnités pour les pertes
qu'on a subies », que « la victoire crée des droits ».

Quant à nous, nous nous en référons à ce que
nous avons dit précédemment (*Idées générales*); nous
répétons que la guerre ne change pas le droit; qu'il n'y
a pas de droit de la victoire; qu'il y a, pour le victorieux qui a fait justement la guerre, le droit qu'il
avait déjà d'exiger son droit, et, comme il a fait des
sacrifices pour parvenir à pouvoir se le faire rendre,
qu'il y a, en plus, pour lui le droit d'exiger l'indemnité
de ces sacrifices (2).

(1) Bluntschli (article 518), écrit d'abord que « L'intérêt de l'État
ne peut, à lui seul, justifier la guerre »; il ajoute « qu'on ne doit
jamais considérer la guerre comme un moyen politique », question de justice à part; « mais il est tout différent, prétend-il, de
savoir si une guerre, qui a été commencée au nom du droit,
peut pas être aussi un moyen politique »; et il s'empresse de
déclarer « qu'il ne sauroit blâmer cette manière *d'agir* ».

Il convient de rappeler que ce logicien qui se dément d'une
ligne à l'autre et ce juriste qui estime que les moyens politiques peuvent être cherchés dans l'injustice, écrivait au lendemain de la guerre franco-allemande, et que, né dans la libérale
petite République de Zurich, il avait émigré en Allemagne et
était professeur dans une université allemande.

(2) Il faut voir par quelles phrases Bluntschli essaie de se

Nota. — On présente plusieurs divisions des guerres; la seule qu'il soit utile de mentionner est celle des *guerres offensives* et des *guerres défensives.*

Ce que les auteurs, sans se préoccuper du fond du droit, — de la justice ou de l'injustice de la guerre, — appellent, dans la terminologie accoutumée, *guerres offensives*, ce sont les guerres d'agression, celles qui ont pour but de changer l'ordre de choses existant; ce qu'ils nomment *guerres défensives*, ce sont les guerres où l'on défend cet état de choses et où l'on se borne à repousser l'attaque.

Toutefois, il est clair qu'un Etat qui n'entend faire qu'une *guerre défensive* peut fort bien, une fois la guerre déclarée, prendre en fait l'initiative de l'attaque, sans que, pour ce qui le concerne, le caractère de la guerre soit changé (1).

CHAPITRE II

DÉCLARATION DE GUERRE ET SES EFFETS

Depuis un siècle environ, les Etats de l'Europe n'exigent plus, comme préliminaire de la guerre, une

tirer de ses inconséquences, de ses confusions du fait et du droit : « La vie publique des Etats se transforme souvent, dit-il, au milieu du tonnerre et des éclairs de la bataille; l'histoire progresse au bruit de l'orage (article 536). »

Quand la bataille est pour le Droit et quand l'orage se déchaîne pour le Droit, nous sommes prêts à saluer la bataille et l'orage, car il en peut, en effet, sortir un progrès dans l'histoire; mais renversons l'hypothèse : De la lutte fratricide des peuples ce qui sera la conséquence c'est un recul, et, grâce à la justice immanente des choses, c'est un recul plus encore pour le vainqueur que pour le vaincu.

(1) Nous avons dit plus haut le sens que, nous-même, nous attachons à ces mots de *guerres offensives* et de *guerres défensives.*

déclaration formelle de guerre, et l'on enseigne qu'il suffit pour satisfaire, au droit international que l'intention de faire la guerre soit signifiée d'une manière explicite.

Quelle qu'en soit du reste la forme, la déclaration de guerre doit, de l'avis général, être précédée d'une note diplomatique appelée : *Ultimatum*. Ce document, le *dernier* mot que prononcent les Etats dans une négociation, doit indiquer, en termes nets et péremptoires, les propositions extrêmes auxquelles on demande une réponse catégorique.

Le plus souvent, l'*ultimatum* fixe lui-même un délai dans lequel la réponse devra être faite. Si l'ultimatum est rejeté ou s'il y a absence de réponse dans le délai fixé, l'ultimatum devient une déclaration de guerre.

Les autres modes de déclaration de guerre sont :

Une déclaration solennelle (c'est la forme jadis seule admise, comme nous l'avons dit, et qui paraît aujourd'hui tomber en désuétude en Europe) (1);

Une note remise solennellement par un agent

(1) L'abandon de la forme, sinon solennelle, du moins expresse de la déclaration de guerre, ainsi que la molle doctrine des auteurs sur ce qui est nécessaire pour cette déclaration, sont regrettables ; car, à notre époque de transports rapides, l'absence, en pareil cas, de toutes formalités, ne peut que favoriser les surprises.

Si peu scrupuleux qu'ils fussent, les Romains l'entendaient tout autrement ; ils exigeaient une déclaration solennelle, et, pour nos ancêtres du Moyen Age, c'eût été forfaire à l'honneur de ne pas faire un défi formel de guerre *(lettres de défi)*, en laissant ensuite s'écouler trois jours avant de commencer les hostilités.

Or, certains auteurs, entre autres Phillimore et Kluber, ne vont-ils pas jusqu'à admettre que la guerre peut régulièrement commencer sans aucune déclaration et, comme dans l'état sauvage, par la perpétration d'actes d'hostilités!

diplomatique et déclarant que, tel délai passé, la guerre existera entre les deux États;

Et même, lorsque les deux armées sont en présence, une note envoyée par le commandant des forces militaires d'un État au commandant des forces militaires d'un autre;

Le rappel ou le renvoi des agents diplomatiques que les États accréditent les uns auprès des autres (1).

Enfin, enseigne-t-on, un manifeste général adressé au monde entier.

On distingue aussi des déclarations de guerre, dites *éventuelles*. Celles-là se rapportent à l'hypothèse où un État a déclaré à l'avance qu'il considérerait, comme un *casus belli*, tels ou tels actes d'un autre État.

Ajoutons que si, de fait, et, sans l'observation de formes d'aucune sorte, un État en attaque un autre, l'État attaqué satisfait suffisamment au droit en expliquant sa résistance par l'appel le plus prompt possible à l'opinion publique (2).

A la déclaration de guerre viennent se joindre :

La *publication de la guerre*, qui est l'acte par lequel

---

(1) Toutefois, le rappel des agents diplomatiques n'équivaut à une déclaration de guerre que lorsqu'il est accompagné de circonstances qui sont de nature à lui donner cette signification.

(2) La question de savoir à qui appartient dans chaque État le droit de déclarer la guerre est du domaine du droit politique. Tout peuple, arrivé à être maître de lui-même, ne peut que se réserver l'exercice direct de ce droit, et tout au plus, déléguer cet exercice à ses élus.

Que de guerres évitées, si les peuples décidaient directement eux-mêmes de la guerre ou de la paix; mais, le jour où on y viendra, ce sera, comme nous l'avons dit, l'écueil où se heurtera la doctrine juridique de Jean-Jacques.

En France, dans notre état politique actuel, la guerre ne peut être déclarée que par la volonté de la Chambre des Députés et du Sénat (article 9 de la loi du 16 juillet 1875, sur les rapports des pouvoirs publics).

un gouvernement fait connaître à la nation qu'il représente, que la guerre est déclarée à tel autre État ;

La *notification de la guerre* aux États neutres.

Il est, d'ailleurs, évident que la déclaration de guerre détermine le commencement de la guerre, sans qu'il soit nécessaire que les hostilités aient commencé ; il ne l'est pas moins que, lorsqu'un État a de fait, sans déclaration, commencé la guerre, l'État attaqué a immédiatement le droit d'appliquer à l'agresseur les lois de la guerre.

Mais quels sont les effets qui, directement, se rattachent à la déclaration de guerre ?

D'abord, en ce qui concerne les traités conclus entre les belligérants, on s'accorde, en général, à faire les distinctions suivantes :

S'agit-il des traités *politiques* (traités d'amitié, d'alliance), ils sont anéantis ;

S'agit-il de traités de commerce ou de navigation, d'arrangements douaniers, postaux, on les répute simplement suspendus pour le temps que durera la guerre (1) ;

S'agit-il des traités dont l'objet est absolument étranger à la guerre, qui sont par exemple relatifs

---

(1) Toutefois, Bluntschli (article 358) est d'avis qu'il ne faut pas sur ce point poser une règle générale et qu'il n'y a lieu de ne suspendre que les traités dont l'exécution est incompatible avec l'état de guerre.

Nous partageons cette manière de voir ; les nécessités de la légitime défense peuvent seules justifier, aux yeux du droit, la suspension de l'exécution des traités de la catégorie que nous venons d'indiquer.

Cependant, il est d'usage qu'une fois la paix est rétablie, on régularise les traités dont l'exécution a été suspendue pendant la guerre.

à des matières de droit civil, aux tutelles, au droit de succession, ils doivent continuer d'être appliqués;

S'agit-il enfin des traités par lesquels les États se sont engagés, durant la paix, à observer, les uns vis-à-vis des autres, certains devoirs dans le cas où la guerre viendrait dans la suite à éclater entre eux, il est évident que la déclaration de guerre met immédiatement ces traités en vigueur, et, comme d'autres États que les belligérants peuvent y avoir participé, le belligérant qui, en pareil cas, manquerait de les observer serait coupable d'une violation de traité envers tous les autres États cosignataires (1).

Un second effet de la déclaration de guerre, c'est de donner à chacun des États belligérants le droit d'enjoindre aux nationaux de l'État ennemi d'avoir, sous un délai équitable, à quitter son territoire.

D'ordinaire, aujourd'hui, ce délai est indiqué dans la publication de la guerre.

Parfois, il est stipulé à l'avance dans les traités de commerce, et c'est là une bonne précaution à prendre de la part des gouvernements.

Si les nationaux de l'État ennemi restent sur le territoire après que les délais de retour sont expirés,

---

(1) Comme exemples de traités de cette sorte, on cite :

Les articles du traité de Paris qui ont aboli la course entre les contractants (16 avril 1856), v. plus bas p. 143.

La convention de Genève pour les secours aux blessés (22 août 1864), v. plus bas p. 72.

La déclaration relative à l'emploi des projectiles explosibles (accord conclu à Saint-Pétersbourg, 11 décembre 1868), v, plus bas, p. 55.

Il en serait de même des traités sur la contrebande de guerre sur la liberté du commerce pendant la guerre, sur la neutralisation d'une partie du territoire, sur les prises maritimes, etc.

il faut tenir que, tant qu'ils demeurent inoffensifs, ils ne peuvent être traités en ennemis.

Mais un Etat a-t-il le droit de retenir par la force les nationaux d'un Etat avec lequel il vient d'entrer en guerre?

Tous les auteurs professent l'affirmative ; se fondant sur ce que la guerre anéantirait les obligations réciproques des Etats et abolirait tout droit entre eux, ils vont jusqu'à déclarer qu'il serait conforme à la logique stricte de retenir, comme prisonniers de guerre, les nationaux de l'Etat ennemi, et, pour justifier cette décision, ils insistent, particulièrement, sur le cas où les nationaux de l'Etat ennemi seraient appelés à servir dans l'armée ennemie, c'est-à-dire auraient, en langue technique, qualité de *miliciens*. Néanmoins, les auteurs conseillent aux gouvernements d'agir en ces points avec modération et prudence.

Nous contestons toute cette doctrine, comme contraire à la fois au principe que la guerre n'existe qu'entre les Etats et à celui que, même entre les Etats, elle se réduit au droit de légitime défense. Ne serait-ce pas, d'ailleurs, heurter les intérêts économiques les plus évidents que de suspendre au-dessus de la tête des nationaux la menace d'être retenus de vive force pour le cas où la guerre éclaterait entre le pays où ils sont venus durant la paix et celui auquel ils appartiennent ? Et si cette menace se réalisait, la bonne foi n'en souffrirait-elle pas autant que l'industrie et les échanges (1)?

(1) Quant à les traiter comme prisonniers de guerre, ce qu'il faudrait, en outre, oublier pour l'admettre, c'est qu'un prisonnier de guerre ne peut être qu'une personne faisant partie de l'armée ennemie ou qui y soit rattachée par un service actif.

En 1870, la France et l'Allemagne ont permis, même à leurs

On mentionne, comme un nouvel et troisième effet de la déclaration de guerre, l'interdiction, en principe, de toutes relations commerciales et même juridiques quelconques entre les nationaux des Etats belligérants, avec cette conséquence que tout contrat privé, fait durant la guerre avec le national d'un Etat ennemi, est illégal.

On indique, à titre de quatrième effet, le droit pour chacun des belligérants de faire des prises maritimes, c'est-à-dire de capturer sur mer la propriété non seulement de l'Etat ennemi, mais même des nationaux de l'Etat ennemi (voir plus bas, p. 132).

Pour être encore enseignées par un plus ou moins grand nombre d'auteurs et mises en pratique par les Etats, ces dernières règles n'en sont pas moins de l'époque barbare où l'on ignorait les intérêts les plus certains des peuples et les lois de la justice.

Notons :

Que, sous l'empire des besoins et des nécessités nouvelles, il arrive parfois aujourd'hui que les Etats belligérants accordent des *licences de commerce* ou *permis de trafiquer* non seulement aux neutres, mais encore à leurs nationaux et aux ennemis (1);

miliciens respectifs, de quitter, dans un certain délai, le territoire ennemi.

A l'égard des biens appartenant aux nationaux de l'Etat ennemi, les anciens auteurs (Grotius, Bynkershoeck, et même Vattel) soutenaient aussi que l'Etat sur le territoire duquel ils se trouvent avait, en principe, le droit de les confisquer; mais cette opinion rencontre aujourd'hui de nombreux contradicteurs, et, certes, nous en sommes.

(1) Ces licences, qui n'ont évidemment une valeur de droit que vis-à-vis de l'Etat qui les délivre, [sont des *sauf-conduits* permettant de continuer licitement et sans crainte de capture les opérations mercantiles.

La forme en est très variable; elles peuvent être *générales*

Que, à raison des mêmes besoins et nécessités, et par suite aussi de l'amélioration des idées sur la guerre, la pratique des prises maritimes, exercées vis-à-vis des particuliers, est, de plus en plus, condamnée par les auteurs.

CHAPITRE III

BELLIGÉRANTS

Il n'y a, en principe, de parties belligérantes que les Etats, et la raison en est évidente, puisque le principe nouveau est que la guerre n'existe que d'Etat à Etat (1).

ou *spéciales, nominatives* ou *transmissibles par endossements.* Quelles qu'elles soient au surplus, elles ne sauraient conférer tacitement ni le droit de transporter des articles, dits : *Contrebande de guerre,* ni celui de violer un *blocus,* régulièrement établi. (Voir plus bas, p. 152.)

(1) Par là même aussi, il n'y a, d'après la règle juridique, d'*ennemis* que les Etats, et il ne peut qu'être nuisib'e de désigner, comme le font nombre d'auteurs, les non belligérants sous le nom d'*ennemis passifs,* par opposition aux belligérants, qui, dans cette terminologie, sont dits *ennemis actifs.*

Il n'y a pas, pour le droit, deux classes d'ennemis, il n'y en qu'une seule, celle des belligérants, et s'il est, d'ailleurs, une matière où il faut prendre garde aux mots, c'est surtout dans celle où les mots ne peuvent que trop aisément entraîner les actes.

Remarquons encore les deux expressions de *combattants* et de *non-combattants,* que l'on applique, l'une aux personnes qui, selon le droit de la guerre, sont autorisées à combattre, et l'autre, aux personnes qui, selon ce même droit, n'ont pas qualité pour combattre.

Sont, en conséquence, belligérants :

D'abord, ceux qui exercent le pouvoir dans l'Etat ennemi ;

Ensuite, les individus composant les armées régulières de ce même Etat.

Mais la qualité de belligérants doit également être reconnue :

Aux milices locales, aux corps de volontaires ou corps francs, pourvu qu'ils soient organisés militairement et soient munis d'un signe distinctif fixe et reconnaissable à distance (1);

Même aux parties politiques ou révolutionnaires qui, dans une guerre civile, présentent par leur

(1) Certain écrivain (Grenander) exige, en outre, l'autorisation de l'Etat; mais il se peut que l'Etat, par suite des circonstances de la guerre, se trouve dans l'impossibilité de donner cette autorisation, et il est inadmissible qu'en pareil cas les patriotes qui s'organisent spontanément ne soient pas traités comme des soldats, si, d'ailleurs, ils satisfont aux conditions que nous venons d'énoncer.

De son côté, l'*impartial* Bluntschli réclame l'uniforme lorsqu'il s'agit des milices ou des volontaires français, mais il se contente d'un costume quelconque pour les landsturms allemandes. Il veut aussi une autorisation *spéciale* pour chaque homme des milices ou pour chaque volontaire.

Redisons que, selon la raison et le droit, l'unique chose essentielle c'est que l'ennemi puisse reconnaître à une distance suffisante qu'il a affaire à des groupes d'hommes organisés et dont l'hostilité est patente.

Nous ajoutons que, dans une matière où la passion a toutes chances de faire trébucher à chaque instant le sens moral, c'est le devoir impérieux des Etats de mettre, en vertu d'une règle incontestée, les corps francs à l'abri des vengeances de l'ennemi, en leur donnant l'autorisation la plus publique qu'ils peuvent. (Voir sur la question : Grenander, *Conditions nécessaires, selon le droit des gens, pour avoir, en guerre, le droit d'être considéré et traité comme soldat*, 1882. — Rolin-Jaequemyns, *Revue de Droit international et de législation comparée*, 1870, p. 653. *La guerre actuelle.* — Bluntschli, article 512. — *Les actes de la Conférence de Bruxelles* (1874).

organisation militaire des garanties d'ordre suffisantes (1).

Enfin, dans les confédérations d'Etats, le droit international contemporain a reconnu également la qualité de belligérants à plusieurs Etats de la confédération en guerre avec le pouvoir central (2).

Que décider quant aux habitants d'une ville ou d'un village attaqué qui prennent les armes sans avoir eu la possibilité de s'organiser d'une façon régulière? Le doute pourrait venir de ce que ces habitants n'étant pas revêtus d'un signe distinctif, l'ennemi risquerait d'être exposé, de leur part, à des surprises déloyales; mais, outre que les habitants en question sont bien manifestement et directement dans le cas de légitime défense, comment, de son côté, l'ennemi qui attaque une ville ou un village ne s'attendrait-il pas à la résistance de tous ceux qui les habitent et qui sont en état de se défendre?

Tout autrement en est-il des habitants d'un territoire envahi, non militairement organisés et opérant isolément; ceux-là ne peuvent se réclamer de la qualité de belligérants (3).

Si les Etats recourent à la levée en masse pour repousser une invasion et appellent sous les armes

(1) Il va, d'ailleurs, de soi que les corps francs et les partis politiques ou révolutionnaires, pour avoir le droit d'être traités comme belligérants, doivent respecter les lois de la guerre, car, si les soldats eux-mêmes des armées régulières ne les respectent pas, ils sont mis en dehors de ces lois.

(2) C'est ce qui s'est passé notamment lors de la guerre de sécession des États-Unis d'Amérique; les nations européennes ont reconnu la qualité de belligérants aux Etats du Sud comme à ceux du Nord.

(3) Il ne leur en reste pas moins la ressource de combattre en hommes de cœur, à leurs risques et périls, et, s'ils tombent au pouvoir de l'ennemi, de livrer à ses balles leur poitrine.

tous les habitants valides, tous, dans ce cas, doivent être réputés des belligérants.

Bien entendu, on refuse toujours cette qualité aux maraudeurs et aux pillards.

De même aux pirates et aux brigands, fussent-ils organisés militairement.

CHAPITRE IV

ALLIÉS

Lorsque plusieurs États ont conclu une alliance ayant en vue la guerre, une alliance *militaire* (1), et qu'ensuite le cas de la guerre prévue se réalise pour un de ces États, les autres ne forment pas une catégorie à part entre les belligérants et les neutres : belligérants seront-ils, s'ils exécutent le traité ; neutres, s'ils y sont infidèles et s'ils notifient à l'autre belligérant leur résolution d'observer la neutralité (2).

Que s'ils hésitent, s'ils veulent attendre les événements, c'est aux belligérants que menace l'alliance de mettre les alliés en demeure de prendre parti.

(1) Nous ne nous occuperons ici que des alliances se rapportant à la guerre ; mais, de même qu'il y a entre les États des traités d'alliance pour la guerre, il peut y avoir entre eux des traités de paix, des traités de neutralité, des traités d'ordre économique, etc. En un mot, l'objet des traités entre les États est aussi varié que celui des rapports des États les uns avec les autres.

(2) Inutile d'ajouter que, quant à la question de l'infraction au traité, c'est affaire aux États alliés de la régler ensemble.

Les alliances militaires peuvent être *offensives* ou *défensives*, ou les *deux* à la fois.

L'alliance défensive doit être regardée comme impliquant la garantie réciproque de tous les droits appartenant à chacun des alliés et notamment de leurs possessions territoriales; mais l'étendue et l'existence même de cette garantie sont, on le conçoit, subordonnées à l'intention exprimée par les parties dans le traité d'alliance, et pour qu'au surplus, le cas de l'intervention obligatoire des alliés surgisse, il faut, en ce qui concerne les possessions territoriales, qu'elles soient exposées d'une manière imminente à tomber au pouvoir de l'ennemi (1).

Il existe aussi des traités d'alliance, qui sont de simples traités de *subsides*, c'est-à-dire de secours en argent.

Mais n'y a-t-il pas un vice essentiel qui soit susceptible d'affecter et de rendre nulle une alliance militaire? Assurément, et toute alliance militaire qui aurait pour but une guerre injuste est nulle dans son principe.

Il faut aller plus loin encore et dire que, si la guerre, juste à l'origine, prend, à un moment quelconque, par le fait d'un des alliés, un caractère d'injustice, les autres ont le devoir comme le droit de refuser de continuer à cet allié leur concours.

Enfin, il est raisonnable d'admettre que l'obligation de venir en aide à ses alliés a pour limite la nécessité où un État peut se trouver d'employer toutes ses forces pour défendre son propre territoire (2).

(1) Ce cas est nommé le *casus fœderis*, le cas de l'alliance.
(2) Toute cette doctrine est, à peu près, celle aussi de Bluntschli, articles 447 et 448; seulement, quant à la distinction des guerres

CHAPITRE V

MOYENS DE NUIRE A L'ENNEMI

Répétons :

Que le premier principe qui domine toute la théorie de la guerre, c'est que la guerre n'est juste que si elle a pour cause la légitime défense ;

Que le second principe qui domine cette même théorie, c'est que la guerre ne doit avoir pour but que de forcer l'Etat qui a violé le Droit à rentrer dans le Droit ;

Qu'enfin le troisième principe dont relève le Droit de la guerre, c'est que la guerre n'existe que d'État à État.

Or, si, considérés en eux-mêmes, ces trois principes

justes et des guerres injustes, nous avons, comme nous l'avons déjà exposé, un critérium moins compliqué que celui de Bluntschli. A nos yeux, répétons-le, toute guerre est juste ou injuste, selon qu'elle tend à assurer la pleine liberté d'un peuple ou à y porter atteinte, selon qu'elle est *défensive* ou *offensive* pour le droit d'un peuple.

Ce n'est pas tout, de même qu'entre les individus chacun est moralement l'allié des causes justes qui regardent directement les autres, de même aussi, cette règle est-elle applicable dans les rapports de peuple à peuple.

Et c'est ce qu'avait compris la Révolution française lorsqu'elle proclamait que le peuple français est *naturellement* l'allié des peuples libres ou aspirant à la liberté.

Ce droit peut s'être plus ou moins obscurci, il peut être tenu plus ou moins en échec par les faits actuels, ce droit qui n'exclut, dans la pratique, ni le sens des réalités ni l'esprit de conduite, n'en demeurera pas moins le vrai droit international et humain.

sont d'une clarté complète, il faut bien reconnaître que, dans l'ordre des faits, ils sont loin d'aller sans difficultés.

D'abord, en ce qui est des deux premiers, du droit de légitime défense et de celui de forcer l'État ennemi à rentrer dans le droit, il est facile d'apercevoir que les actes qu'autorisent ces deux principes seront d'une nature fort diverse, et que c'est la situation respective des États belligérants qui les déterminera.

La seule règle générale qui puisse ici être posée, c'est que toute violence inutile, si légère qu'elle soit, est en dehors du droit.

Quant au troisième principe, à celui que la guerre n'existe que d'État à État, qu'elle n'existe pas, par conséquent, de chaque État belligérant aux ressortissants de l'autre État, ni entre les ressortissants des États belligérants, nous avons déjà vu qu'il comporte, sur un de ses chefs, une restriction, et que, si les ressortissants qui ne font pas partie, en règle, des forces militaires d'un État, prennent part à la guerre, ils cessent de bénéficier du principe et se rangent dans des catégories différentes (voir plus haut, p. 48); mais il y a à ajouter que, même les ressortissants qui ne prennent pas une part personnelle à la guerre sont traités comme ennemis en tant que *citoyens* de l'État, en tant que tenus de fournir à l'État des ressources pécuniaires ou en nature et qu'on reconnaît à l'ennemi le droit de s'emparer de ces ressources (1).

(1) Heffter, annoté par Geffcken, p. 301.
Il est difficile, cela est sûr, de contester la *nécessité* de cette décision; mais à quels abus, à quels excès, la porte ne

En résumé, le droit international a beau s'efforcer de définir ce qu'autoriseraient ou défendraient nos trois principes, la meilleure, pour ne pas dire l'unique garantie que l'application en sera, aussi strictement que possible, conforme à ce qu'ils commanderaient, se trouve dans le degré de civilisation des peuples en guerre l'un contre l'autre, nous voulons dire dans le sentiment plus ou moins élevé et exact qu'auront ces peuples du droit et du devoir humain.

Dressons d'abord la liste des actes de guerre que les auteurs sont d'accord pour proscrire comme illicites; nous examinerons ensuite la question des bombardements, sièges et blocus, celle de l'espionnage et celle aussi des représailles de guerre.

Actes de guerre réputés, en général, illicites.

Ces actes sont :
L'assassinat d'un ennemi ;
La mise à prix de la tête d'un ennemi ;
La provocation à un acte criminel quelconque ;
Le meurtre d'un ennemi qui met bas les armes ou est hors d'état de se défendre ;
L'ordre de ne pas faire de quartier (1) ;

peut-elle être ainsi ouverte? A quelles spoliations ne peuvent être ainsi exposés, comme *citoyens*, les ressortissants, même non déclarés *ennemis!*

Nous verrons, du reste, plus bas, p. 64, le tempérament qu'apportent les auteurs au droit de l'occupant ennemi de s'approprier le montant des impôts.

(1) Toutefois, Bluntschli admet trois exceptions :
Le cas de représailles ;
Le cas de nécessité absolue ;
Le cas où des troupes ont déclaré ne pas vouloir, elles-mêmes, faire de quartier (Bluntschli, articles 580 et 581).
Nous faisons rentrer le troisième cas dans le premier, et

Les armes empoisonnées et les matières empoisonnées ou qui seraient capables de développer dans le pays ennemi des maladies contagieuses;

Les armes qui causent des souffrances inutiles, par exemple, les flèches barbelées, le petit plomb ou le plomb pilé en guise de balles;

Les projectiles d'un poids inférieur à 400 grammes qui seraient explosibles ou chargés de matières fulminantes ou inflammables;

Les boulets à chaîne dans les guerres sur terre et les boulets rouges ou de couronnes foudroyantes dans les guerres maritimes (1);

L'empoisonnement des eaux ou des vivres de l'ennemi;

L'emploi de sauvages auxquels les lois de la guerre sont inconnues;

L'abus du pavillon parlementaire;

L'usage du drapeau ou des insignes de l'ennemi (2);

repoussons toutes les représailles en tant qu'elles doivent entraîner à violer le droit, c'est-à-dire à sortir des termes rigoureux de la légitime défense.

Quant à la *nécessité absolue* de ne pas faire de quartier, c'est-à-dire, comme l'écrit le même Bluntschli, de commettre de *vrais assassinats*, nous ne pouvons que flétrir, où qu'elle soit formulée, l'indigne doctrine qui la consacre.

(1) Elles ont lieu de paraître étranges, les susceptibilités humanitaires du droit international, quand on voit ce droit autoriser des moyens de destruction beaucoup plus terribles que ceux qu'il prend la peine d'interdire.

(2) Toutefois, Bluntschli, p. 317 et 318, est d'un avis contraire; il écrit (article 565) que ce stratagème peut être employé avant le combat et il se fonde sur ce que la ruse est permise à la guerre.

Nous pensons, pour notre part, qu'il y a des ruses déloyales, même à la guerre, et que c'en est une de s'abriter du drapeau de l'ennemi, ou de se couvrir de son uniforme, afin de lui donner le change et d'essayer de se faire prendre par lui pour un parti ami.

Nous serions, au contraire, d'accord avec l'auteur, ci-dessus

La violation de la parole donnée à l'ennemi;

L'excitation à la trahison des officiers ou des soldats ennemis.

Bombardements, sièges et blocus. — Espionnage. Représailles de guerre.

Bombardements, sièges et blocus. — Il est d'abord de principe qu'on ne bombarde pas les *villes ouvertes*, c'est-à-dire non fortifiées, et de même les villages ou agglomérations non fortifiées, à moins que le habitants de la ville, du village ou de l'agglomération n'opposent de la résistance (1).

Il est de même généralement admis que le bombardement des places de guerre ou des autres lieux fortifiés est une mesure extrême à laquelle il n'est permis de recourir que lorsqu'il est absolument impossible d'atteindre par d'autres moyens la reddition du point attaqué.

Si le bombardement est indispensable, il doit être exclusivement dirigé contre les ouvrages défensifs de la place ; les parties habitées par la population civile doivent être épargnées (2).

nommé, pour condamner la propagation de fausses nouvelles dans les rangs ennemis, mais non pas pour admettre la légitimité de la peine de mort contre ceux qui les propageraient (Comparer Bluntschli, article 640).

(1) C'est une mesure souvent prise que de déclarer les grands centres de population *villes ouvertes*, afin d'en empêcher le bombardement.

(2) « Autant que possible » dit Bluntschli, article 554 *bis*.

Pourquoi cet « autant que possible » ? Pourquoi ne pas proscrire tout bombardement dirigé contre la population civile, puisque la guerre n'existe que d'État à État?

Ce n'est point par d'équivoques prescriptions que l'on peut espérer de contenir le sauvage esprit de la guerre.

Au surplus, avant de bombarder une place forte ou une ville ouverte qui est défendue, l'assaillant doit, en général, dénoncer aux autorités compétentes, son intention de recourir au bombardement. Cette mesure a pour but de mettre les habitants inoffensifs à même de s'éloigner et de pourvoir à leur sûreté.

Il faut également appliquer, et aux mêmes fins, la règle de la dénonciation préalable pour les sièges et pour les blocus.

De son côté, du reste, le défenseur d'une place menacée a le devoir de signaler aux habitants les dangers auxquels ils s'exposent en y restant, et le défenseur d'une place assiégée ou bloquée a le droit d'expulser *les bouches inutiles*, afin de pouvoir prolonger sa résistance.

Mais on reconnaît à l'assiégeant qui veut prendre une place par la famine le droit de refuser le passage, soit aux habitants qui s'éloignent volontairement, soit même à ceux qui sont expulsés (1).

Enfin, en général, on est aujourd'hui d'avis que lorsqu'une place forte ou une ville ouverte défendue sont prises d'assaut, les chefs militaires en doivent interdire le pillage.

Espionnage. — On entend par espions ceux qui s'introduisent clandestinement ou sous de faux prétextes, dans les lignes d'une armée pour surprendre le secret de ses forces, de ses ressources, de ses mouvements, de ses plans afin de le communiquer à l'ennemi.

(1) Encore un nouvel échec au principe, que la guerre n'existe que d'État à État! Mais si nombreux sont-ils, ces échecs, qu'ils ne sont pas à compter!

Le droit international présente, en ce qui concerne les espions, une bien flagrante et bien monstrueuse contradiction : il légitime à la fois l'emploi des espions par les belligérants, et l'application par chacun des belligérants aux espions de l'autre, tombés en son pouvoir, du dernier supplice, de la peine de mort.

Nous rejetons ces deux décisions ; la première, comme contraire à l'honnêteté : la seconde, comme constituant un abus de pénalité.

En premier lieu, si nous considérons comme étant de bonne et loyale guerre (et ce jugement a pour lui une pleine évidence), l'envoi de patrouilles, de détachements plus ou moins nombreux pour reconnaître les positions de l'ennemi, et s'avancer au besoin jusque dans ses lignes, nous estimons, au contraire, qu'il y a perfidie de la part des belligérants à se servir d'espions ; or, est-il à démontrer que le droit ne saurait, pour aucun motif et dans aucun cas, légitimer la perfidie?

En second lieu, quant à la pénalité, il y a d'abord à observer que l'espion le plus souvent est mû par un sentiment patriotique, ou que tout au moins ce sentiment contribue à le pousser à l'acte qu'il accomplit, et que, dans tous les cas, la pénalité qu'on lui inflige est monstrueuse, car elle est, nous le répétons; la pénalité suprême, et le motif de la légitime défense n'existe pas pour mettre l'espion à mort (1).

Au surplus, le droit international reconnaît en

---

(1) Or, on aggrave, pour ce cas, la peine de mort elle-même, en y ajoutant l'ignominie du mode d'exécution, c'est-à-dire en pendant l'espion.

quelque sorte lui-même cette critique comme fondée, car ce n'est que si l'espion est pris sur le fait qu'il autorise contre lui l'application de la peine de mort; mais, s'il n'est capturé que plus tard, l'espion ne peut être recherché pour ses actes antérieurs et doit être traité en prisonnier de guerre (1).

Bien entendu, on ne peut assimiler aux espions

Ni les courriers, porteurs de dépêches, et les messagers, chargés de commissions verbales, qui traversent les lignes ennemies;

Ni les individus portant, par voie de ballons, des messages ou établissant des communications avec une place assiégée.

Les premiers doivent être traités comme prisonniers de guerre, si, étant soldats, ils sont revêtus de leur uniforme, ou si, n'étant pas militaires, ils voyagent ouvertement comme courriers ou messagers;

Les seconds doivent toujours être traités comme prisonniers de guerre (2).

Représailles de guerre. — Pour que la question des représailles, au sens propre, se pose à la guerre, il faut qu'il y ait eu, de la part de l'État ennemi, une violation des usages et par conséquent du droit; donc il y a, au préalable, à se demander si la viola-

(1) Voir dans ce sens Funck-Brentano et Albert Sorel, 1877, p. 293 — Calvo, t. III, p. 156. — Bluntschli, art. 633.
Dans tout ce qui précède, nous ne nous occupons, d'ailleurs, que du cas où l'espion est un étranger; s'il est un ressortissant de l'État contre lequel il pratique l'espionnage, son acte change absolument d'aspect ; c'est un acte de *trahison* envers son pays, et celui-ci n'a qu'à le juger et à le punir comme traître.

(2) Durant la guerre franco-allemande, M. de Bismarck décida que les personnes qui prendraient la voie aérienne pour franchir les lignes allemandes seraient assimilées à des espions;

tion du droit de la part d'un des États belligérants peut légitimer de la part de l'autre une violation du droit de la même sorte, ou d'une sorte différente.

L'affirmative est enseignée et, hélas! cet enseignement est mis en pratique.

Quant à nous, nous nous bornerons à dire que la consécration des représailles par le droit international, c'est le renversement même de toutes les règles de ce droit, car aucune peut-elle rester debout s'il suffit que l'un des États belligérants en foule une aux pieds pour que l'autre belligérant puisse agir comme lui (1)!

Toutefois, le mot et l'idée une fois écartés, comme déjà nous l'avons fait, nous admettons bien évidemment que chaque nouvelle atteinte au droit commise par l'un des belligérants envers l'autre peut amener, de la part de l'autre, un nouveau fait de guerre, un nouvel acte de légitime défense.

mais le droit et les décisions de M. de Bismarck, il est permis d'y trouver deux choses non de même essence — il est évident que le messager ennemi qui se sert de la voie aérienne ne diffère en rien, pour le droit, du messager ennemi qui se sert de la voie terrestre. Voir les *Instructions américaines*, article 99).

(1) Il est vrai qu'un des auteurs qui autorise les représailles, Bluntschli, y pose une limite; il veut qu'en en usant on respecte les *lois de l'humanité*. Mais qu'est-ce que le lois de l'humanité? et sera-ce, par exemple, pour l'armée à laquelle on a déclaré ne pas vouloir faire de quartier le droit de n'en pas faire à son tour? (Rapprocher dans Bluntschli l'article 587 de l'article 567, et voir aussi plus haut).

Les représailles ont correspondu, dans l'histoire du développement humain et dans les relations belliqueuses de peuple à peuple, à ce qu'a été le talion pour celles d'individu à individu; elles sont un legs des âges les plus barbares.

CHAPITRE VI

DROITS ET DEVOIRS DES ÉTATS BELLIGÉRANTS
PAR RAPPORT A L'ÉTAT ENNEMI, EN CAS D'OCCUPATION
MILITAIRE DU TERRITOIRE ENNEMI

Cette matière est pleine d'arbitraire; la force et l'intérêt de l'occupant y forment, en fait, la règle suprême; le Droit ne peut qu'essayer de contenir, dans des limites d'ailleurs difficiles à tracer, une usurpation que nécessite la nature de la guerre.

D'une manière générale, il faut d'abord admettre que la prise de possession d'un territoire par l'ennemi soumet ce territoire à ses ordres et que par conséquent, en principe, les fonctionnaires civils, judiciaires et même administratifs de l'État envahi, à plus forte raison les individus non fonctionnaires, ne se rendent pas coupables envers l'État dont ils sont les agents ou les ressortissants en obéissant à l'envahisseur.

Mais, comme d'un autre côté, le droit de légitime défense est la seule cause justificative de la guerre, il faut ne reconnaître à l'État envahisseur le droit

(1) De là à regarder comme un devoir pour les fonctionnaires et pour les habitants de se soumettre à la loi du vainqueur, il y a un abîme! C'est à chacun, dans de tels bouleversements, de décider, selon sa conscience, de ce qu'il doit faire. Est-il besoin d'ajouter que ce qui n'est jamais permis, à aucun point de vue, c'est la trahison, et non seulement la trahison envers la patrie, mais même envers l'État envahisseur.

4

de suspendre l'autorité de l'État envahi, que dans la stricte mesure où la nécessité l'exige.

Ainsi :

L'État envahisseur doit s'abstenir, autant que possible, de tous les actes législatifs qui modifieraient la constitution du pays ;

Il doit maintenir, en général, l'action des lois municipales ;

De même, celle des lois civiles et pénales ;

Il doit, en principe, laisser la justice civile et pénale suivre son cours régulier ;

Il doit aussi, en principe, dans l'intérêt de l'ordre, maintenir en fonctions les autorités administratives ;

Il ne doit jamais exiger de serment des autorités du territoire envahi (1) ;

Dans le cas où ces autorités refusent de se soumettre à son pouvoir ou se retirent à son approche, il doit organiser, d'accord avec les représentants de la population, des autorités provisoires qui remplacent les fonctionnaires absents (2) ;

Il ne doit composer les conseils de guerre que d'après les règles édictées par ses lois, et ne recourir que, comme à une mesure suprême, à la proclamation de l'état de siège (3) ;

(1) Bluntschli contredit ce point (article 551) ; il veut que les fonctionnaires puissent être astreints à prêter un serment *provisoire*.

(2) Il peut aussi arriver que l'État envahi rappelle ses fonctionnaires, ce qui, si le cas se réalise, entraîne pour ceux-ci la perte de toute qualité publique, sur le territoire envahi.

(3) On ajoute, pour l'hypothèse de l'état de siège, que la peine de mort ne doit pas être appliquée sans le consentement du souverain, à moins qu'il n'y ait urgence, et que, dans ce cas, elle ne pourrait l'être que sur l'ordre du commandant en chef des troupes.

On comprend, au surplus, que les circonstances de la guerre

Il doit empêcher la destruction ou la dégradation intentionnelle des œuvres d'art, des instruments et collections scientifiques, des bibliothèques.

Et nous estimons, pour notre part, qu'il n'a pas le droit de s'approprier les objets dont il vient d'être question (1).

On admet à l'inverse:

Que l'État envahisseur a le droit de suspendre dans le territoire envahi l'exercice des lois de conscription, et qu'il a, en conséquence, le droit de s'opposer au départ des hommes qui tenteraient d'aller rejoindre l'armée de leur pays (2);

étant d'une infinie variété, beaucoup de cas peuvent surgir qui ne rentreraient pas dans les règles ci-dessus formulées.

En droit, c'est toujours au principe de la légitime défense qu'il faut demander les solutions; en fait, c'est du niveau moral, redisons-le aussi, de l'Etat envahisseur, que dépendront ces solutions (V. Funck-Brentano et Albert Sorel, p. 278 et suivantes. — Calvo, t. III, p. 173 et suiv. —Bluntschli, p. 303 et suiv.).

(1) Bluntschli (art. 659) trouve qu'il est trop tôt pour ériger ce principe en article de loi; de nouveau, force nous est bien de nous séparer de cet auteur, car nous ne savons au moyen de quel argument le droit de la guerre pourrait tenter de justifier le fait, par l'un des belligérants, de s'approprier les œuvres d'art et autres objets de même sorte qui appartiennent à l'ennemi, et ce fait, à tous les points de vue, reste, à nos yeux, ce qu'il est, au point de vue moral, une soustraction frauduleuse et violente, un acte de spoliation.

(2) Mais c'est là encore un cas où les dictées du sens intime, pour chacun, prévaudront souvent sur les règles du droit international.

Quant aux contrevenants, ils ne pourront, selon le droit, être traités que comme des prisonniers de guerre, car évidemment on ne saurait agir envers eux avec plus de rigueur que s'ils eussent été pris, les armes à la main, sur le champ de bataille.

Il faut donc tenir pour certain que si, dans la guerre franco-allemande, le roi Guillaume était fondé à interdire la conscription dans les départements français occupés par ses troupes, il sortait des limites du droit, en édictant comme sanction de sa défense, les peines de la confiscation et du bannissement.

Qu'il a le droit de s'emparer des caisses de l'État envahi, de ses trésors, de ses armes de guerre, munitions, magasins de vivres, de tout son matériel de guerre, des postes et des télégraphes, même des chemins de fer et de leur matériel, en un mot de tous les objets mobiliers ou immobiliers destinés à la guerre (1) ;

Qu'il a le droit de disposer, dans le territoire envahi, des recettes publiques, du montant des impôts perçus, du produit des impôts à percevoir, mais à la condition d'affecter aux dépenses de l'administration locale des sommes au moins égales à celles qui lui étaient consacrées avant l'invasion ;

Qu'il a le droit de s'emparer provisoirement de tous les biens qui font partie du domaine public, de les administrer et d'en percevoir les revenus ;

Qu'il a le droit de faire servir les édifices publics à ses besoins militaires, d'établir, dans les établissements de bienfaisance ou philanthropiques, dans les établissements scolaires ou scientifiques, des ambulances ou des casernements, par exemple.

Notons que les effets de l'occupation militaire cessent à partir du moment où les troupes se retirent du territoire envahi.

(1) Certains auteurs recommandent aux belligérants d'éviter, le plus possible, la destruction ou la dégradation des voies de communication et des ports, phares ou autres établissements de nature à faciliter les relations entre les peuples.

La recommandation est bonne, car elle est en harmonie avec le seul principe sur lequel puisse reposer le droit de la guerre.

CHAPITRE VII

DROITS ET DEVOIRS DES ÉTATS BELLIGÉRANTS PAR RAPPORT AUX RESSORTISSANTS DE L'ÉTAT ENNEMI

Nous avons dit plus haut (*Indications historiques*) qu'il fut un temps, non encore éloigné du nôtre, où certains auteurs enseignaient que tout ce qui est fait contre un ennemi est légitime et admettaient le droit de vie et de mort sur tous les ressortissants, sans distinction, de l'État ennemi (1).

Nous n'avons pas à nous arrêter à cette négation de tout droit, présentée comme une doctrine de droit, et, nous plaçant au point de vue de la légitime défense, nous examinerons les droits et les devoirs des belligérants :

D'abord, envers les personnes faisant partie, soit des forces régulières de l'État ennemi, soit des forces assimilées aux régulières ;

(1) De nos jours mêmes, deux auteurs, Heffter et Wheaton ont écrit, l'un que « le droit de la guerre proprement dit est un droit de vie et de mort ». (Voir Heffter, p. 239, l'autre « qu'un pareil emploi de la force pour arriver aux fins qu'on se propose n'est pas défendu quand il est nécessaire ». (Wheaton, t. II, p. 20).

Et le second de ces auteurs se réclame de ce que « *le droit naturel n'aurait pas précisément déterminé jusqu'à quel point un individu peut, dans le cas où un autre l'offense, faire usage de sa force contre ce dernier.*

Évidemment, comme tant d'autres, Wheaton a du droit naturel une conception fausse et chimérique : il ne sait pas qu'au lieu d'être le fait brutal et sauvage qui est derrière nous, le droit naturel c'est l'idée, sans cesse améliorée, dont la réalisation est devant nous (v. aussi plus haut, p. 15, note 2).

4.

Ensuite envers les personnes ne faisant pas partie des forces, qui viennent d'être qualifiées (1).

Voyons successivement ces deux points.

Droits et devoirs des États belligérants par rapport aux personnes faisant partie, soit des forces régulières de l'État ennemi, soit des forces assimilées aux régulières.

Droit de tuer et de blesser. — D'abord, il y a une situation durant laquelle tout droit est suspendu entre les belligérants; les ennemis sont en présence, ils sont armés et prêts à faire les uns contre les autres usage de leurs armes; ils menacent la vie les uns des autres; ils nient les uns dans les autres le principe du droit, s'enlevant ainsi respectivement jusqu'à la possibilité logique de s'en protéger; alors, ô défaite suprême, ô honte de la raison, la force va régner ! Que dis-je qu'elle va régner, elle va se déchaîner et faire rage, et des hommes ne songeront plus qu'à immoler d'autres hommes !

Où poser la limite ?

Le Droit proclame que, hors le cas de la légitime défense, il est interdit de tuer, il est interdit de blesser même l'ennemi armé (2).

(1) Cette distinction fondamentale est admise par la plupart des auteurs contemporains, y compris le très consciencieux et très érudit Ch. Calvo; mais il y a à regretter que Calvo écrive en tête du chapitre correspondant au nôtre que « *tous les ennemis* (et, par cette expression, notre auteur entend tous les ressortissants de l'État ennemi) peuvent être faits prisonniers ». Or, contre une telle proposition, on ne saurait trop énergiquement protester.

(2) C'est là, on est bien réduit à l'avouer, une théorie qui, dans les faits, sera souvent rendue vaine par la fureur dont les combattants sont possédés, par l'ivresse que suscitent en eux la poudre et le sang!

Il proclame que c'est un crime de tuer, que c'en est un de blesser l'ennemi qui se rend et que ce crime ne peut que s'aggraver encore si, dans aucun cas, sous un prétexte quelconque, on refuse à l'ennemi de lui faire quartier.

Il faut, d'ailleurs, appliquer ce qui vient d'être dit, non seulement aux armées régulières et aux corps militaires assimilés, mais même à tous ceux qui, occasionnellement, doivent être considérés comme belligérants.

Ainsi :

Aux militaires non combattants (intendants et employés de l'intendance, médecins, aumôniers, etc.), qui se trouvent sous le feu et parmi les troupes, ou que l'ennemi, soit contre le droit, soit par erreur, attaquerait dans un combat isolé;

Aux populations qui se lèveraient pour défendre leurs foyers.

Après avoir indiqué comment et dans quelle mesure, en ce qui concerne les belligérants, le droit est contraint d'admettre que, dans l'état de guerre, des hommes blessent d'autres hommes, les mutilent ou les tuent, abordons la question de la main-mise sur la liberté de la personne.

Droit de main-mise sur la liberté de la personne. Prisonniers de guerre. — Le droit de légitime défense, qui justifie la guerre, justifie par là même le droit de faire des prisonniers, car, en capturant les personnes, on tend à désorganiser et à affaiblir l'ennemi et par là même à diminuer sa force de résistance.

Les prisonniers de guerre peuvent être faits dans des circonstances diverses, sur le champ de bataille, dans la poursuite, dans une place assiégée, et l'on peut être prisonnier de guerre, soit parce qu'on s'est rendu personnellement, soit parce que l'on est compris dans une capitulation collective.

Quant à ceux qui peuvent être faits prisonniers de guerre, ce sont, en principe, tous les hommes qui font partie des troupes régulières ou des troupes assimilées de l'État ennemi.

De même encore, les militaires non-combattants (voir plus haut, p. 48), lorsque le corps auquel ils appartiennent est fait prisonnier, à l'exception cependant des aumôniers, des médecins, des chirurgiens et de leurs aides, tous déclarés neutres dans la règle (1).

De même, les populations qui se lèveraient pour défendre leurs foyers.

On ajoute : ceux qui suivent bénévolement l'armée, sans en faire partie, lorsque le corps auquel ils se sont joints est fait prisonnier, ou lorsqu'on s'empare d'eux pendant une poursuite (2).

Et il va de soi que peuvent être aussi compris parmi les prisonniers de guerre : les membres du gou-

(1) Il en serait autrement s'ils prenaient une part active au combat, « ou, dit Bluntschli, s'ils demandaient à partager la captivité des troupes auxquelles ils sont attachés, ou si ces dernières l'exigent ».

Le même auteur déclare qu'à raison de la vocation essentiellement pacifique exercée par ces personnes, on doit user envers elles des plus grands ménagements et des plus grands égards (art. 599).

(2) Bluntschli, article 595 ; Calvo, t. III, p. 158.

Bluntschli cite nommément les journalistes dont les opinions, dit-il, seraient manifestement hostiles ; mais il semble n'admettre contre eux que l'application d'une captivité provisoire.

Nous pensons, quant à nous, que la plume ne peut jamais donner lieu, pour l'épée, à la légitime défense. Qu'on expulse les journalistes qui gênent ou sont encombrants, mais qu'on leur laisse la liberté.

vernement ennemi et ses agents diplomatiques, s'ils sont pris sur le théâtre de la guerre.

Le prisonnier de guerre est, réputé un ennemi public, en ce sens qu'il est prisonnier non de la personne qui l'a capturé, mais de l'État au nom duquel il a été capturé.

De là il résulte :

1° Que c'est à l'État auquel profite la capture à se charger lui-même du prisonnier de guerre;

2° Que celui-ci ne peut être relâché que par la volonté de l'État dont il est le captif.

Les effets de la captivité commencent à courir, pour les prisonniers de guerre, dès le moment où, réduits à l'impossibilité d'opposer de la résistance. ils se sont rendus volontairement, conditionnellement ou sans conditions, et ont obtenu, disent certains auteurs, la vie sauve.

Comment, d'après le droit international, les prisonniers de guerre doivent-ils être traités?

Le prisonnier de guerre est un ennemi désarmé, et cette seule considération doit suffire pour porter, en principe, l'État qui l'a fait captif, à le traiter avec humanité.

La doctrine des auteurs, en cette matière, se résume dans les principaux points suivants (1) :

Les prisonniers de guerre doivent être protégés contre toute intention de représailles, contre tout mauvais traitement, contre tout outrage;

(1) Comme toujours, celle de Bluntschli est remplie de lieux communs et de banalités, ce qui n'a guère d'importance; mais, ce qui en a davantage, elle est pleine aussi, comme toujours, d'ambiguïté et de réticences, et, sous le voile de la philanthropie, sous couleur de défendre les vaincus et les faibles, elle ne consacre que le droit du plus fort.

Ils doivent, en général, être internés soit dans une ville, soit dans un camp, soit dans un district sous la surveillance de l'autorité militaire (1);

Ils doivent recevoir la somme nécessaire à leur entretien et ils doivent aussi être l'objet des soins que réclame leur santé (2);

Ils peuvent être employés à des travaux publics qui soient en rapport avec leur grade ou leur situation, et aussi être autorisés, pour accroître leurs ressources, à exercer des professions manuelles (3).

De leur côté, d'ailleurs, les prisonniers de guerre doivent respecter les lois et les règlements militaires du pays où ils sont détenus (4).

(1) Les auteurs ajoutent qu'ils peuvent être enfermés dans une prison, s'ils ont tenté de s'enfuir.

(2) Heffter enseigne que le gouvernement qui les détient peut, lors de la conclusion de la paix, exiger le remboursement ou la compensation des frais que lui ont occasionnés les prisonniers de guerre.

(3) Quand les prisonniers de guerre sont employés à des travaux publics, l'État défalque le plus souvent leurs frais d'entretien des salaires qui leur reviennent.

(4) En terminant ici l'indication des principales règles applicables au traitement des prisonniers de guerre, il nous faut protester contre une abominable doctrine enseignée, en particulier par Bluntschli, et que cet auteur a eu le soin de cacher dans une honteuse incidence, à savoir que l'ennemi aurait le droit de mettre à mort tous ses prisonniers de guerre, lorsqu'il lui est impossible de les emmener sans compromettre sa propre sûreté (article 580 du *Droit international codifié*).

On ne discute pas une pareille méconnaissance de tout droit humain! Et si, en 1794, en présence des armées qui envahissaient la France, et en présence des trahisons qui la livraient, il est arrivé à la Convention nationale, de se laisser entraîner à décréter un acte aussi criminel, il faut s'empresser de dire que ce fut là, de sa part, une mesure purement comminatoire et qui fut révoquée presque aussitôt qu'elle fut édictée.

Ce que nous avons à dire encore, c'est que, à part ce moment

On professe qu'il est permis de punir militairement les conjurations organisées entre les prisonniers pour recouvrer leur liberté et même, dans les
cas graves, de faire feu sur eux (1).

On professe de même qu'il est permis de faire feu
sur un prisonnier de guerre qui s'évade ou de le tuer
de toute autre manière dans sa fuite (2).

Parfois, les États belligérants procèdent à l'échange
des prisonniers de guerre. Cet échange est réglé par
la convention des parties (3). Il a lieu, en général,
homme pour homme et grade pour grade, et sous
la condition que les hommes échangés ne participe-

d'aberration de la Convention, la France s'est de longue date
honorée, aux yeux des peuples, par la manière pleine d'humanité dont elle a traité les prisonniers de guerre, et que c'est
à la France surtout que, dans l'ordre des faits, sont dus les
progrès du droit international dans cette matière.

(1) C'est « la guerre qui recommence », dit Bluntschli, oui
la guerre contre des gens désarmés.

(2) Au point de vue du vrai droit de la guerre, du droit
de légitime défense, c'est là une monstruosité!

Et notons qu'on enseigne unanimement que si le prisonnier
est repris, aucune peine ne peut lui être infligée pour sa ten-
tative d'évasion, « car, dit-on, les lois de la guerre ne consi-
dèrent pas un pareil acte comme un crime ». (Calvo.) Mais
alors comment comprendre que, pour la seule utilité d'empêcher
qu'une évasion ne s'accomplisse, il puisse paraître légitime de
tuer le prisonnier qui s'évade?

Dans la guerre franco-allemande, plusieurs officiers français,
prisonniers sur parole, profitèrent, pour s'évader, de la liberté
de mouvement qui leur était laissée, et ce fut là, de leur part,
un manquement grave au droit; mais il faut flétrir l'ordre
donné dans cette circonstance par un général prussien et conçu
en ces termes :

« Chaque fois qu'un prisonnier s'évadera, dix de ses collègues,
habitant avec lui, seront choisis au sort pour être enfermés et
étroitement surveillés dans une forteresse jusqu'à ce que le
prisonnier soit ramené. »

(3) Les conventions d'échange reçoivent, en langue technique,
le nom de cartels d'échange.

ront plus, comme soldats, à la guerre engagée, ou, tout au moins, s'abstiendront de le faire pendant un temps déterminé (1).

Parfois aussi, et sans qu'il y ait échange, les prisonniers de guerre sont relâchés *sur parole*, c'est-à-dire, en général, sur le même engagement que nous venons d'indiquer : celui de ne plus prendre part aux hostilités.

Toutefois, si les promesses, faites par la personne mise en liberté sur parole, ne sont pas ratifiées par son propre gouvernement, le devoir du prisonnier est de retourner en captivité ; mais, si l'ennemi refuse de le recevoir, il est définitivement libéré, et sans conditions (2).

Soldats malades ou blessés ; Convention de Genève. — En même temps que chacun des États belligérants a des droits et des devoirs par rapport aux

____

(1) Certains auteurs sont d'avis que, si le cartel est muet sur les conditions de non-participation à la guerre, il faut considérer cette clause comme sous-entendue, et bien évidemment dans ce cas sans aucune limitation de délai.

Au surplus, l'engagement explicite ou implicite dont il est question ne se rapporte qu'à la participation *personnelle* et *active* du prisonnier aux opérations militaires dirigées contre la puissance qui l'a libéré et contre les alliés de celle-ci ; mais la personne mise en liberté peut, sans violer sa parole, être employée, par exemple, à des travaux de fortification et à tous autres travaux de défense, et même, professe-t-on, à former des recrues.

(2) Bluntschli (art. 625), et avec lui d'autres auteurs, enseigne que « l'officier qui, violant sa parole, porte les armes contre l'État qui l'a libéré, peut, s'il est repris, être puni militairement et même être condamné à mort, pour avoir forfait à l'honneur. »

Nous sommes, autant que quiconque, l'ennemi de la trahison, mais nous le sommes encore plus d'une règle de pénalité que ne justifient, dans le cas présent, ni le droit de la guerre, ni le droit pénal ordinaire.

soldats de l'autre, qui sont valides, il a, en outre, des devoirs envers les soldats malades ou blessés.

Comme nous le savons déjà, c'est une convention, dite : *Convention de Genève*, conclue en 1864 et complétée en 1868, qui contient les règles de la matière (1).

Nous les reproduisons d'abord dans ce qu'elles ont d'essentiel et nous indiquons ensuite, parmi les critiques dont elles ont été l'objet, celles qui nous paraissent fondées, ainsi que les moyens proposés pour remédier aux abus.

La Convention de Genève érige d'abord, en principe, la neutralité absolue des hôpitaux et des ambulances militaires pour tout le temps qu'elles contien-

(1) C'est à deux citoyens de Genève, MM. Dunant et Moynier que revient l'honneur de l'initiative qui a amené la conférence, puis la convention internationale « pour l'amélioration du sort des blessés dans les armées en campagne ».

La convention, qui porte la date du 22 août 1864, fut signée par la Confédération suisse et par les États suivants : Bade, Belgique, Danemark, Espagne, États-Unis de l'Amérique du Nord, France, Grande-Bretagne, Hesse, Darmstadt, Italie, Pays-Bas, Portugal, Prusse, Saxe, Suède, Norwège et Wurtemberg. L'Autriche y accéda après la guerre de 1866 et la Russie en 1867. Aujourd'hui, elle régit l'Europe entière, et, en plus, la République de Salvador, la Bolivie, le Chili, la République argentine, le Pérou, le Japon.

Un nouvel acte qui est intervenu à Genève, le 20 octobre 1868, sous le nom d'*articles additionnels*, a développé plusieurs dispositions de la convention de 1864, et étendu aux armées de mer l'application des mesures de protection concernant les malades et les blessés; mais ces articles additionnels n'ont pas été ratifiés ni même approuvés par tous les États signataires de la Convention de Genève (voir, au surplus, la brochure intitulée : *Le comité international de la Croix-Rouge de 1863 à 1884,* Genève, 1884, et aussi le *Rapport présenté par le Comité à la conférence internationale de Carlsruhe,* en 1887.

Il faut noter qu'il y a plus d'un siècle, le 7 septembre 1759, la France et la Prusse avaient déjà conclu un traité sur les secours à donner aux blessés.

dront des malades ou des blessés, et à la condition qu'elles ne soient pas gardées par une force militaire.

Cette neutralité est garantie, non seulement aux blessés et à tout le personnel hospitalier, (service de l'intendance, de santé, d'administration, de transport de blessés et aumôniers), mais même aux habitants du pays qui portent secours aux blessés (1).

Lorsque, dans le cas de l'occupation par l'ennemi, le personnel hospitalier demandera à se retirer, le commandant des troupes occupantes fixera le moment de son départ, et il n'a le droit de retarder ce départ que si les nécessités militaires l'exigent et pour une courte durée (2).

Le matériel des hôpitaux demeure soumis aux lois de la guerre, c'est-à-dire notamment que les personnes attachées à ces hôpitaux, ne peuvent, en se retirant, emporter que les objets qui sont leur propriété particulière; mais le matériel des ambulances est déclaré insaisissable.

---

(1) Bluntschli (art. 586) exprime l'avis que la neutralité du personnel sanitaire sera toute relative, toute temporaire, car, dit-il, cette neutralité repose sur la supposition — inadmissible — que « ce personnel sera composé d'hommes ne prenant pas part, à un certain moment, à la lutte ».

Bon argument pour soutenir, en fait, que le personnel d'une ambulance ennemie s'est placé en dehors de la Convention de Genève!

Et pourquoi donc n'y aurait-il pas des hommes de paix, sans parler du concours en pareil cas si précieux des femmes, qui se voueraient exclusivement aux soins des malades et des blessés dans les hôpitaux et les ambulances?

(2) La Convention de Genève porte que, dans cette circonstance, le personnel hospitalier sera remis aux avant-postes ennemis par les soins de l'armée occupante.

Nous pensons qu'il peut être préférable de laisser aux commandants militaires le soin de régler ce point et de fixer la voie par laquelle s'effectuera le retour du personnel.

Les généraux des puissances belligérantes reçoivent la mission de prévenir les habitants de l'appel fait à leurs sentiments d'humanité et de la neutralité qui en sera la conséquence.

Tout habitant qui aura recueilli chez lui des blessés sera dispensé du logement des troupes, et d'une partie des contributions de guerre qui seraient imposées.

Les militaires blessés ou malades doivent être recueillis et soignés, à quelque nation qu'ils appartiennent ; mais les commandants en chef ont la faculté de remettre aux avant-postes ennemis les militaires blessés pendant le combat, lorsque les circonstances le permettent, et du consentement des deux parties.

Les militaires blessés qui, après guérison, sont reconnus incapables de servir, doivent être renvoyés dans leur pays (1).

Les évacuations, avec le personnel qui les dirige, sont couvertes par une neutralité absolue.

Pour faire reconnaître les hôpitaux, les ambulances et les évacuations neutralisées, on y doit arborer un pavillon distinctif et uniforme, croix rouge alésée sur fond blanc (2).

(1) La Convention de Genève porte que « les autres, (c'est-à-dire ceux qui restent capables de servir) pourront être également renvoyés, *à la condition de ne pas reprendre les armes pendant la durée de la guerre.*

Mais il faudrait que l'État auquel appartiennent les militaires guéris et que l'on suppose demeurer capables du service militaire, ratifiât la condition susmentionnée, pour qu'elle pût être appliquée (voir plus haut p. 72) ; or, en règle, il n'existe aucune raison pour cette ratification.

(2) La Convention de Genève veut que ce drapeau soit accompagné du drapeau national ; mais le drapeau national peut masquer à l'ennemi la vue du drapeau propre aux ambulances et entraîner ainsi de déplorables méprises.

Le même signe de reconnaissance doit être porté en forme de brassard par le personnel neutralisé (1).

Voyons maintenant les critiques qui ont été adressées non pas au principe de la convention de Genève, car ce principe n'en a rencontré et n'en pouvait rencontrer aucune, mais à une certaine insuffisance de mesures d'organisation et d'ordre que la pratique a révélée.

C'est ainsi que, dans la guerre franco-allemande, les champs de bataille et les convois ont été encombrés d'ambulances volantes qui parfois ont embarrassé les opérations militaires et parfois ont fait défaut aux lieux où leur présence eût été le plus utile.

Ces ambulances ont, en même temps, servi de refuge à des hommes qui n'avaient pour but que de se soustraire au service militaire et qui ne possédaient aucune des connaissances ou des qualités requises pour le service des blessés.

C'est ainsi encore qu'on a usé des insignes de la Convention pour couvrir des actes d'espionnage, en permettant à des individus qui en étaient revêtus de circuler librement dans les lignes d'opération des armées ennemies; qu'on a usé de ces mêmes insignes

(1) Il est à noter que la Turquie remplace la croix rouge par le croissant rouge.

La Convention de Genève porte encore que la délivrance du brassard sera laissée à l'autorité militaire, et l'on enseigne, en outre :

Que ce brassard doit être timbré;

Qu'enfin le porteur doit être muni d'une carte de légitimation personnelle.

À l'égard des articles additionnels à la Convention de Genève, qui concernent spécialement les secours aux malades et aux blessés de la marine, nous renvoyons à la brochure citée plus haut: *Le comité international de la Croix-Rouge*, en rappelant que ces articles ne constituent, par le fait, qu'un projet.

pour protéger des convois de munitions ou d'approvisionnements, pour couvrir contre le feu de l'ennemi des positions militaires.

Quant aux moyens de remédier aux abus que nous venons de signaler, ce n'est que dans une organisation forte qu'on peut les trouver; voici les principales lignes de celle qui aurait notre adhésion:

On distinguerait le service des blessés sur le champ de bataille et celui des blessés dans les ambulances.

Le service des blessés sur le champ de bataille appartiendrait exclusivement aux ambulances militaires dont le personnel porte un uniforme toujours reconnaissable, et les particuliers, pour prendre part à ce service, devraient s'enrôler dans l'armée.

C'est l'autorité militaire qui, dans les proportions où elle le jugerait utile, confierait les blessés aux ambulances privées.

Ces ambulances seraient fixes et établies d'accord avec l'autorité militaire.

Les délégués des sociétés de secours aux blessés, munis de commissions par les belligérants et revêtus d'uniformes, se mettraient en rapport avec l'autorité militaire pour l'établissement des ambulances privées et pour tous autres points nécessaires, choisiraient le personnel des ambulances et seraient responsables de son aptitude et de son zèle, auraient charge de faire parvenir les secours.

Et nous ne doutons pas que, si considérables que, dans une telle organisation, pourraient être les responsabilités des membres de sociétés de secours aux blessés, il se trouverait toujours un nombre suffisant d'hommes et de femmes de cœur pour les accepter (1).

Nota. Déserteurs et transfuges. — A l'égard des déserteurs et des transfuges, si coupables qu'ils puissent être, et quelles que soient les pénalités qu'ils encourent d'après les lois de leur pays, l'État auquel ils demandent asile n'a point à juger leur conduite, encore moins à les punir d'un acte qui ne peut que lui être que favorable.

Il serait, au surplus, contraire aux lois de l'humanité de les livrer à l'État auquel ils appartiennent.

Droits et devoirs des États belligérants par rapport aux personnes ne faisant partie ni des forces régulières de l'État ennemi, ni des forces assimilées aux régulières.

En règle d'abord, l'envahisseur n'a aucun droit envers les habitants dits *inoffensifs*, et son devoir, au contraire, est de les protéger contre toute attaque

(1) V. Funck-Brentano et Albert Sorel, p. 273,
En dépit de ses défectuosités et de ses lacunes, la Convention de Genève a déposé dans le droit international un germe des plus féconds; sous son influence, des sociétés locales de secours aux blessés se sont multipliées par toute l'Europe et constituées à l'état permanent; elles ont profité des temps de paix pour s'enquérir des meilleurs modes de transport des blessés, pour perfectionner leur éducation thérapeutique, pour former des écoles d'infirmiers et d'infirmières, pour accroître leur matériel hospitalier et leurs ressources pécuniaires; et aussitôt que la guerre a éclaté, elles sont accourues sur les champs de bataille et on les a vues aller ramasser les blessés jusque sous les balles ennemies.
C'est dans cet esprit, et avec ce dévouement que s'est fondée en 1865, à Paris, la *Société française de secours aux blessés militaires* qui, érigée par un décret du 3 juillet 1884 en auxiliaire du service de santé des armées, compte aujourd'hui,

violente et d'assurer, à leur profit, le maintien et le respect de l'ordre.

Ainsi il faut refuser à l'envahisseur le droit de contraindre la population non belligérante à prendre, sous une forme quelconque, une part directe ou indirecte à la guerre.

Guides. — Comme conséquence de ce qui vient d'être dit, il faut regarder, comme un abus de la force, le fait de l'envahisseur qui exige d'un ou de plusieurs habitants qu'ils lui servent de guides.

Que si l'ennemi commet cet abus et que les guides trompent les troupes qu'on les a chargés de conduire, nous estimons qu'ils sont exempts de toute faute et que c'est violer une seconde fois le droit que de les punir (1).

comme membres, des milliers d'hommes et de femmes de tous rangs, et prête, chez nous, un si précieux concours au comité international de Genève.

Et ainsi, dans la défaite comme dans la victoire, la France a maintenu ses anciennes traditions d'humanité, et les deux Républiques Suisse et Française se sont donné la main pour affirmer, au nom de la pitié, la solidarité des peuples!

(1) Bluntschli (article 636) veut qu'ils puissent être condamnés à mort, et Calvo (tome III, p. 157) sur ce point, suit Bluntschli.

D'autres auteurs pensent que les guides, en pareil cas, peuvent être faits prisonniers de guerre, comme le seraient d'autres combattants.

Nous répondrons qu'un guide contraint ne peut, à aucun point de vue, être assimilé à un combattant.

Quant à Bluntschli, il se contente, pour justifier sa décision, d'invoquer les périls auxquels peuvent être exposés des troupes induites en erreur sur le chemin à suivre.

Mais il n'y a, pour l'envahisseur, qu'à ne pas forcer l'habitant à lui servir de guide.

Si le guide s'est offert de lui-même, le cas change absolument, et il n'est pas niable qu'il n'existe une trahison envers l'ennemi, de la part du guide qui le trompe.

Corvées de guerre. — Il y a également un abus de la force, lorsque l'envahisseur impose aux habitants, à titre de corvée, de rétablir les routes défoncées, de reconstruire les ponts détruits.

Otages. — La pratique des otages, c'est-à-dire la remise à l'ennemi ou la prise par lui de personnes de marque pour répondre de la soumission des populations à certaines de ses exigences ou de l'exécution de certains engagements est aujourd'hui condamnée par presque tous les auteurs ; nous ne nous y arrêterons donc pas.

Nous nous bornerons à dire que, parmi les coutumes de la guerre, il n'en a point existé qui fussent empreintes d'un pire arbitraire, qui fussent plus attentatoires au droit des individus, et qui, tout autre point de vue mis à part, heurtassent plus manifestement l'idée que ce sont les choses seulement, et non les êtres humains, qui peuvent servir de garanties et être données en gage (1).

(1) Et quel gage que celui qui est allé jusqu'à emporter sur la personne qui en était l'objet le droit de vie et de mort ! (Voir, en particulier, Grotius, trad. Barbeyrac).

La coutume de recevoir et de prendre des otages remonte aux époques les plus barbares ; après avoir été pratiquée par les Grecs et par les Romains, après l'avoir été par le Moyen Age, elle ne subsiste plus aujourd'hui que chez les peuplades sauvages de l'Amérique et de l'Océanie. Toutefois, à l'humiliation de l'Europe civilisée, l'Allemagne, dans la guerre contre la France, l'Allemagne a fait revivre l'usage des prises d'otages, et avec des applications et des rigueurs qui n'ont pu que le rendre plus odieux encore aux hommes épris de justice et d'humanité.

Jadis, on donnait des otages durant la paix, habituellement pour prévenir la guerre ; on en donnait, et surtout le vainqueur, selon qu'il le jugeait bon, en exigeait et en prenait durant la guerre, ou, comme garantie de l'exécution des traités de paix.

Quant à la manière dont les otages étaient traités en fait,

Protection due aux personnes. — Cas de révolte et moyens de répression. — Le droit de la guerre ne se contente pas de proscrire tous les excès, tous les sévices, tous les attentats, de quelque nature qu'ils soient, contre les personnes ; il veut que l'envahisseur les châtie selon les lois militaires, et avec une sévérité d'autant plus grande que les victimes se sont trouvées davatange dans l'impossibilité de résister.

Et ce respect de la personne physique serait peu, s'il ne s'y joignait celui de la liberté de conscience, des habitudes se rapportant à la culture intellectuelle, des mœurs en général, de la langue.

En revanche, l'envahisseur a le droit de réprimer toutes les révoltes ou toutes les tentatives de révolte qui se produiraient, soit contre l'armée d'occupation ou les autorités militaires du pays, soit sur les derrières de l'armée d'occupation, et comme, dans ces cas, les habitants ont fait acte de guerre, sans être des combattants, on est forcé de reconnaître à l'ennemi le droit d'appliquer, soit les lois pénales, soit même toutes les mesures que comporte la légitime défense.

Il peut, en conséquence, être du droit de l'envahisseur de mettre en état d'arrestation les rebelles ainsi

ce qu'il y a à en dire c'est qu'il n'est pas rare qu'ils aient été mis à mort.

Bluntschli, qui continue d'admettre le droit de donner et de prendre des otages (articles 426, 427 et 600), déclare, pour les otages de guerre, qu'ils doivent être traités de la même façon que les prisonniers. Il ajoute (article 600) que « cependant le but qu'on se propose, en recevant ou en prenant des otages, peut obliger envers eux à des mesures plus ou moins sévères et à une réclusion plus complète ».

L'application de ce dernier précepte ne serait pas sans gêner, devant le monde civilisé, les détenteurs d'otages.

que ceux qui leur ont prêté leur concours, de les punir d'une amende, de leur infliger l'emprisonnement.

Il va, d'ailleurs, de soi qu'en conformité avec le droit commun, les rebelles soient rendus pécuniairement responsables de tous les dommages matériels qu'ils ont causés à l'occupant.

Mais est-il admissible, en droit, que la Commune, sur le territoire de laquelle l'acte de révolte s'est produit, puisse être aussi frappée d'une amende, et rendue pécuniairement responsable des dommages matériels causés par la révolte? Il n'y a aucune raison pour s'écarter, dans cette question, des principes ordinaires; ce n'est donc qu'autant que les représentants de la Commune ont, en cette qualité, pris part à la révolte qu'il est légitime d'en étendre les responsabilités à la Commune (1).

CHAPITRE VIII

DROITS ET DEVOIRS DES ÉTATS BELLIGÉRANTS PAR RAPPORT A LA PROPRIÉTÉ SUR TERRE DES RESSORTISSANTS DE L'ÉTAT ENNEMI.

Du principe que la guerre se fait d'État à État et non d'État à particuliers, il résulte que, d'une manière générale et sauf les cas où les opérations

(1) On conçoit quel vaste champ, dans de semblables cas, — non plus vaste du reste que dans tant d'autres circonstances de la guerre — est ouvert à l'arbitraire du vainqueur. Il faut redire ici que cet arbitraire ne peut être contenu que par le sens moral de l'État victorieux, et par la crainte que cet État peut avoir des

militaires l'exigent, l'envahisseur n'a le droit de porter aucune atteinte ni directe ni indirecte à la propriété privée.

Les personnes civiles, Communes, communautés, associations, sont, à cet égard, assimilées aux particuliers.

Aussi, réserve faite comme nous venons de le dire de ce que nécessitent les opérations de guerre, l'envahisseur n'a le droit de s'emparer ni des terres, ni des maisons des particuliers et des personnes civiles sus-désignées, non plus que des objets mobiliers qui leur appartiennent.

Et, quant à ces derniers objets, non seulement le droit international ne peut qu'en proscrire le pillage en toutes circonstances, fût-ce même dans le cas de la prise d'assaut d'une place de guerre (1), mais il interdit absolûment de faire du butin aux dépens des particuliers (2).

sanctions de l'opinion ainsi que des retours de la fortune. Mentionnons, comme exemples des plus abominables abus du droit de répression, la destruction par le fer et le feu d'une ville ou d'un village, l'exécution de notables ou d'habitants pris au hasard.

(1) L'opinion, de son côté, ne pourrait, en toutes circonstances, que marquer le pillage de sa flétrissure.

(2) Il faut ajouter, comme plus haut, des Communes, communautés, associations.

Est-ce à dire qu'à l'inverse, tout butin fait aux dépens de l'État ennemi doive être déclaré légitime?

Nous nous sommes déjà expliqué précédemment (voir p. 63) sur ce point. Quant à la règle qui prohibe le butin fait aux dépens des particuliers, deux exceptions y seraient admises.

D'une part, certains auteurs enseignent que, « lorsque l'ennemi, tué sur le champ de bataille, portait sur lui des valeurs ou des objets précieux, on doit, pour le cas où il y a impossibilité absolue de découvrir l'héritier du défunt, laisser ces objets au

Aux prohibitions précédentes il faut encore ajouter celles de détruire ou d'endommager la propriété privée et notamment d'incendier les habitations, de dévaster les cultures.

Contributions de guerre et réquisitions. — Doit-on reconnaître à l'envahisseur le droit d'imposer aux particuliers ou aux Communes des contributions de guerre et d'exercer des réquisitions ? (1).

vainqueur plutôt que de forcer celui-ci à les enterrer ou à les laisser perdre. » (Bluntschli, article 659).

D'autre part, presque toutes les nations maritimes admettent encore, pour la marine de guerre, le droit de saisir et d'amener les navires, qui sont la propriété de ressortissants de l'État ennemi et de confisquer les marchandises, dites : *Ennemies*, trouvées à bord de ces navires.

Dans le premier cas, nous sommes d'avis que c'est à l'État auquel appartenait l'ennemi que doivent être remis les valeurs ou objets précieux qu'il portait sur lui, car c'est la règle du droit civil, qu'à défaut d'héritier, l'État recueille les biens laissés par les défunts, et c'est, d'ailleurs, dégrader le soldat que de l'exciter, par l'appât d'une part quelconque de butin, à combattre pour le droit.

Dans le second cas, il y a violation évidente du principe d'après lequel la guerre n'a lieu que d'État à État (voir d'ailleurs plus bas).

(1) Il règne ici une assez grande confusion sur le sens des mots comme sur le fond des choses ; ce qui ressort, pour le sens des mots, de l'histoire de la guerre, c'est que tant qu'on n'eut pas dégagé le principe que la guerre se fait d'État à État et tant que le pillage contre les habitants du territoire envahi fut dans les pratiques de la guerre, ce que l'on nommait les *contributions de guerre* ou *contributions forcées*, c'était la rançon payée soit en argent, soit en nature, par les habitants du territoire envahi pour s'affranchir du pillage ennemi.

Quant aux *réquisitions*, dont on rapporte l'origine au grand Washington, elles consistent dans l'invitation faite par l'autorité de mettre à sa disposition les objets dont l'armée a un absolu besoin.

La différence entre les *contributions de guerre* et les *réquisitions* sont capitales et nombreuses :

1° Les barbares contributions de guerre sont nées d'une cou-

Nous résumerons notre théorie dans les points suivants :

1° Chaque État belligérant doit, en principe, pourvoir lui-même à l'entretien et à tous les besoins de ses troupes ;

2° Les contributions de guerre n'ont jamais été qu'une forme, *améliorée* peut-être du pillage, ou, si l'on veut, de la spoliation, mais, dans tous les cas, un mode de pillage ou de spoliation, et par conséquent, d'après nos idées actuelles touchant la guerre, elles

tume plus barbare encore, le droit que s'attribuait le vainqueur de saccager le pays ennemi, le *droit de pillage !!!*

Les réquisitions reposent sur la nécessité où peut se trouver un commandant militaire de pourvoir à la subsistance de ses soldats.

2° Les contributions de guerre n'ont jamais été soumises à une autre règle que le bon plaisir de l'envahisseur, et cela, à un double point de vue :

Celui de la quotité ;

Celui de l'objet exigé, consistant habituellement, d'ailleurs, en argent.

Les réquisitions ont, en droit, pour mesure, non seulement le strict besoin de l'envahisseur, mais encore les ressources du pays envahi.

L'on professe, en outre, qu'elles ne peuvent s'appliquer qu'à des choses en nature et que l'exigence d'une somme d'argent, sous forme de réquisition, ne serait légitime que pour remplacer les livraisons en nature ou pour garantir le vainqueur contre le refus de ces livraisons (Calvo).

3° Les contributions de guerre ont toujours été un pur fait de confiscation.

Au contraire, pour ce qui est des objets requis, la plupart des auteurs professent que, dans aucun cas, les livraisons n'en peuvent être exigées que contre paiement en argent ou en bons de réquisition.

4° Les contributions de guerre n'ont jamais eu pour sanction qu'une force s'affranchissant de toute règle ;

Les réquisitions ont sans doute aussi la force pour sanction, mais cette force ne doit être employée, dans le cas de refus des objets requis, que pour s'emparer de ces objets.

doivent être, d'une manière absolue, rejetées du droit (1);

3° Les réquisitions ne doivent jamais être qu'un moyen extrême employé par un commandant militaire pour procurer à ses troupes les choses indispensables et elles ne doivent pas excéder les ressources des habitants du territoire envahi (2);

4° Toute réquisition pécuniaire doit être proscrite; le remplacement de la livraison des objets en nature par un paiement en argent ne doit être admis que s'il y a consentement réciproque;

5° L'État au nom duquel est ordonnée la réquisition doit indemniser les propriétaires et, même lorsque l'envahisseur est contraint de recourir à la force pour obtenir la livraison des objets requis, il n'est fondé à exiger cette livraison que contre un paiement en argent ou en bons de réquisition (voir cependant ci-après l'exception relative au logement militaire).

Une règle enfin, à notre sens fort bonne à ajouter, c'est que, autant que possible, les réquisitions soient adressées aux Communes.

Logement militaire. — Quoique, en général, d'après la théorie qui ressort des propositions ci-dessus formulées, les réquisitions ne doivent se présenter que comme un fait anormal, il en est une que les néces-

---

(1) Nous avons dit plus haut p. 64, en ce qui concerne les contributions régulières perçues sur les habitants du territoire occupé, que ce n'est que, défalcation faite des dépenses normales d'administration de ce territoire, que l'envahisseur peut s'en attribuer le produit.

(2) Comme exemples de cas où les réquisitions sont légitimes, il faut citer ceux où les troupes de l'envahisseur se trouveraient manquer de vivres, de vêtements, de chaussures.

sités de la guerre commandent souvent, c'est celle dite du *logement militaire.*

Cette réquisition est le plus habituellement mise en œuvre par l'intermédiaire des autorités locales; elle est dominée, comme toutes les autres, par la règle qui impose à l'envahisseur de ne rien exiger au delà de ce qui lui est nécessaire, de n'abuser en rien de sa force.

Les auteurs écartent l'application au logement militaire du principe de l'indemnité; nous n'apercevons pas, quant à nous, la raison de cette exception (1).

CHAPITRE IX

RELATIONS D'ORDRE PACIFIQUE SOIT ENTRE LES RESSORTISSANTS DES ÉTATS BELLIGÉRANTS, SOIT ENTRE LES ÉTATS BELLIGÉRANTS EUX-MÊMES.

En dehors des conséquences forcées de l'état de guerre, de la rupture des traités de paix, d'amitié, d'alliance, de la suspension de certains autres traités ou arrangements en dehors aussi de ce qu'exigent les opérations militaires, les soins de l'attaque et de la défense, la guerre dans son ensemble, en dehors enfin de ce qui peut être décrété par les lois

(1) Chose plus surprenante encore, on étend l'exception au cas où les habitants, outre le logement, seraient requis d'avoir à fournir la nourriture. Suffit-il donc, pour changer le droit qu'à une réquisition de vivres en masse, l'envahisseur substitue une réquisition de vivres en détail?

politiques d'un des États belligérants, tous les rapports de droit subsistent non seulement entre les ressortissants des États belligérants, mais même entre ces États.

De là, deux sortes de relations possibles qui n'ont plus le caractère belliqueux, qui sont d'ordre pacifique, qu'il convient d'examiner chacune séparément.

Relations d'ordre pacifique entre les ressortissants des Etats belligérants.

Il faut ici maintenir le principe de la liberté des relations commerciales, des relations économiques, sous les restrictions indiquées tout à l'heure.

Parmi ces restrictions, il en est une qui est passée à l'état de règle, à savoir l'interdiction de tous rapports entre les contrées occupées par les armées belligérantes.

Cette interdiction peut même être étendue au delà du territoire occupé, si, comme nous l'avons dit, les nécessités de la guerre l'exigent.

Quant aux contrevenants, ils encourent une punition plus ou moins sévère, selon les circonstances.

Sauf-conduits, licences et sauvegardes. — Par dérogation à la règle précédente il est permis aux chefs militaires, agissant en cette qualité au nom de l'État belligérant, de donner des autorisations de traverser les lignes ennemies.

Ces autorisations reçoivent le nom de *sauf-conduits* quand elles sont accordées aux personnes, de *licences* ou encore de *sauvegardes*, quand elles concernent des marchandises (1).

La sauf-conduit, dans lequel une personne est nommément désignée, doit être réputé exclusivement applicable à cette personne; mais rien n'empêche qu'un sauf-conduit ne soit conçu en termes généraux et ne comprenne la famille, la suite, etc.

De plus, le sauf-conduit n'a de valeur que sur le territoire occupé par l'armée qui l'a accordé.

Enfin, il y a lieu d'admettre que, si le sauf-conduit a été accordé pour un délai déterminé et que le porteur ait été empêché, par une force majeure, de traverser dans ce délai le territoire occupé, il doit quand même être protégé, autant que les circonstances le permettent (2).

Pour ce qui est des licences ou sauvegardes concernant les marchandises, elles ont ceci de particulier d'être *transmissibles* et, par conséquent, elles doivent être respectées entre les mains de quiconque

(1) Nous allons voir un peu plus bas une autre application de ce terme de *sauvegarde*, car ce n'est pas une des moindres choses à reprendre dans le droit international qu'il manque, comme nous l'avons déjà dit, d'une langue suffisamment technique, et que les auteurs aient si peu le souci d'y préciser le sens des mots et celui des règles.

Cela tient à ce que le droit international a été jusqu'ici avant tout un droit coutumier; mais c'est aux jurisconsultes de transformer de plus en plus la coutume, pour les mots comme pour les choses, selon les indications de la raison.

(2) Il est, d'ailleurs, évident que les sauf-conduits peuvent être accordés aussi bien aux officiers et aux soldats qu'aux particuliers.

Le passeport qui se délivre, comme l'on sait, aussi bien en temps de paix qu'en temps de guerre, se rapproche beaucoup du sauf-conduit dans ses effets en temps de guerre; mais il ne perd jamais le caractère d'une mesure ayant pour but de constater l'identité d'une personne et il ne peut servir qu'au porteur lui-même, à sa suite et à ses bagages.

elles se trouvent, à moins qu'il n'existe contre la personne du voiturier une cause qui les invalide.

On distingue encore un autre genre de *sauvegardes* : L'ennemi peut s'engager, par exemple, au moment de l'assaut d'une place ou après une bataille, à respecter certaines personnes ou certaines choses (propriétés placées dans une situation exceptionnelle, archives, œuvres d'art, collections scientifiques, etc.) et les mesures qu'il prend, dans ce nouveau cas, portent aussi le nom de *sauvegardes*.

Les sauvegardes de cette sorte se divisent en sauvegardes *effectives* et sauvegardes données *par écrit*.

Il y a sauvegarde effective lorsqu'un ou plusieurs soldats sont accordés pour mettre la personne ou la chose à l'abri d'hostilités.

L'autre sauvegarde est l'ordre qu'un chef de corps donne par écrit, par *lettres* (1), de ne point commettre d'hostilités à l'égard de certaines personnes ou de certaines choses.

Relations d'ordre pacifique entre les États belligérants eux-mêmes.

Cartels et navires de cartels. — C'est aujourd'hui un principe incontesté du droit international que

(1) De là aussi, le nom de *lettres de sauvegarde* sous lequel on désigne le même ordre.

Les hommes sont prompts surtout en temps de guerre à prodiguer la mort, et l'article 55 du règlement des États-Unis du 10 avril 1880 sur le service des armées en campagne, porte que : « toute personne appartenant aux armées de la République qui est employée à l'étranger et méconnaît les garanties d'une sauvegarde sera punie de mort. »

Pour notre part, nous déciderions de la peine, d'après les circonstances, allant, si la chose paraissait justifiée, jusqu'à la plus haute peine qui ne fût pas la mort (voir dans notre Bibliothèque : *Les Délits et les Peines*.)

les traités conclus pendant la guerre avec l'ennemi, en d'autres termes les *cartels* doivent être respectés, car, pour être en guerre entre eux, les hommes, quoiqu'on en put douter, n'en demeurent pas moins des hommes, et, sans se dégrader comme homme, l'ennemi ne pourrait violer la parole qu'il a donnée à l'ennemi.

Nous avons déjà parlé, p. 71, note 3, des cartels d'échange des prisonniers de guerre ; mais les cartels entre belligérants peuvent indéfiniment varier.

Ainsi il existe des cartels pour la désignation et le traitement des parlementaires, pour les relations postales et télégraphiques, pour les courriers, pour l'ensevelissement des morts, etc.

Arrêtons-nous à définir les *navires*, dits *de cartels*.

On désigne, sous ce nom, des bâtiments qui, munis d'un pavillon parlementaire ou de trève, portent à l'ennemi des propositions pacifiques.

Les navires de cartels sont considérés comme neutres, à la condition de n'avoir à bord ni marchandises, ni munitions, ni autres armes qu'un canon pour faire les signaux, et sont placés, pour l'aller et pour le retour, sous la protection du droit international.

Parlementaires. — Il arrive fréquemment que, durant les opérations de guerre, les commandants des troupes ennemies ont besoin d'entrer en relations. Ils le font par l'intermédiaire d'envoyés, d'officiers chargés de porter la parole en leur nom. Ces envoyés sont des *parlementaires.*

Les parlementaires sont, d'ordinaire, accompagnés jusqu'aux avant-postes par un trompette ou un tambour et s'annoncent de loin par un drapeau blanc (1).

La personne des parlementaires est inviolable.

Toutefois, si le parlementaire abuse de sa qualité pour espionner ou pour provoquer des trahisons, son inviolabilité cesse et il peut être puni militairement.

Il n'est pas absolument interdit à l'ennemi de retenir les parlementaires qu'on lui envoie; mais il n'est autorisé à le faire que lorsque, par suite de circonstances imprévues, le parlementaire s'est trouvé mis à même de découvrir des faits de nature à nuire aux opérations de l'armée, et, dans ce cas, il ne doit pas être retenu au delà du temps nécessaire à l'exécution de ces opérations.

Il y a félonie à retenir sans nécessité un parlementaire.

Certaines circonstances, d'ailleurs, peuvent aussi se rencontrer qui contraignent momentanément une armée à ne point recevoir de parlementaires; mais, comme c'est une règle du droit international qu'il en puisse être envoyé, l'armée qui est empêchée d'en recevoir, doit avertir l'ennemi, si elle ne veut pas que son refus soit considéré comme le sont les actes de guerre dirigés contre les parlementaires.

Remarquons que si, durant le combat ou durant la poursuite, un parlementaire se montre, l'adversaire ne saurait être tenu de suspendre le feu ou la poursuite.

Suspensions d'armes, armistices ou trèves. — La

(1) Parfois, l'on bande les yeux aux parlementaires aussi longtemps qu'à l'aller comme au retour, ils se trouvent en dedans des lignes ennemies.

suspension d'armes est une convention par laquelle deux commandants de troupes ennemies s'engagent réciproquement à suspendre les hostilités pour un objet spécial, dans un lieu déterminé, durant un délai qui d'ordinaire est très court.

Les suspensions d'armes se concluent, par exemple, pour enlever les blessés, pour enterrer les morts, pour chercher à négocier un armistice ou même à traiter difinitivement de la paix.

Il y á des suspensions d'armes tacites; mais celles-là, on le conçoit, sont peu sûres (1).

De même que la suspension d'armes, l'*armistice* ou la *trêve* est une convention qui suspend les hostilités, mais qui a une portée beaucoup plus considérable que la surpension d'armes.

L'armistice est conclu, soit pour une durée déterminée, un certain nombre de semaines, de mois ou d'années, ou jusqu'à un terme fixé, soit pour une durée indéterminée, jusqu'à dénonciation de l'armistice.

Les auteurs distinguent les armistices en partiels et en généraux, selon qu'ils ne s'appliquent qu'aux lieux et aux troupes qui y sont spécifiés ou qu'ils s'étendent à toutes les forces des belligérants.

Les armistices généraux ont un caractère politique et doivent toujours être ratifiés par le pouvoir suprême de l'État ; ils peuvent être négociés soit par l'entremise de délégués civils ou militaires, munis d'un mandat spécial.

On admet que les armistices partiels peuvent être

(1) Il est admis que les officiers, commandant de simples détachements, peuvent conclure une suspension d'armes pour les troupes placées immédiatement sous leurs ordres.

contractés par les chefs ou les officiers commandants des forces respectives de terre et de mer.

Aussitôt que l'armistice est conclu, les commandants sont tenus de l'annoncer à leurs troupes, mais il n'y aurait pas violation de l'armistice par le seul fait que certains corps isolés viendraient à continuer la lutte, si c'est de bonne foi qu'ils l'ont fait.

Quant aux obligations respectives des belligérants pendant la durée d'un armistice ou d'une trève générale, on les résume dans la double proposition suivante:

D'un côté, chaque partie, pendant la durée de l'armistice, est autorisée, en principe, à faire sur le territoire qu'elle occupe tout ce qu'elle aurait la faculté d'y faire en temps de paix;

D'un autre côté, chaque partie doit s'abstenir de toutes les opérations militaires que l'ennemi aurait été en mesure d'empêcher s'il n'y avait pas eu d'armistice.

Ainsi, l'on admet que chacun des belligérants a le droit, en dehors du théâtre de la lutte, de lever de nouvelles troupes, de les instruire, de les concentrer, de lancer des navires à l'eau et de les armer, de fondre des canons.

Au contraire, on refuse aux belligérants le droit de prendre sur le théâtre de la guerre de nouvelles positions militaires, d'opérer la retraite des troupes, et non seulement de construire de nouveaux ouvrages, mais même de relever les ouvrages abattus de réparer la brèche faite à des fortifications, de ravitailler une place assiégée (1).

(1) Voir Bluntschli, article 691 et pour les détails Vattel, t. III § 245 et suiv. et aussi Calvo, t. III, p. 330 et suiv.
En somme, ce qui nous paraîtrait à nous la règle la plus

Dans le cas où l'armistice est général et qu'il a été conclu pour une certaine durée, on est d'avis que la liberté pour les habitants de circuler entre les deux armées doit être présumée.

Toute violation volontaire, par l'une des parties, des clauses de l'armistice équivaut, selon le droit commun, à la rupture de la convention et donne à l'autre partie le droit de la dénoncer (1).

Si l'armistice a été conclu pour un délai limité, il cesse de plein droit à l'expiration de ce délai. S'il a été conclu pour un délai indéterminé, les belligérants ont le droit de reprendre en tout temps les hostilités; néanmoins, ils doivent, au préalable, avoir dénoncé l'armistice.

Capitulations. — On entend par *capitulation* une convention par laquelle un corps de troupes, une place forte ou un navire de guerre se rendent à l'ennemi.

Les capitulations ont, en général, pour but d'éviter l'effusion du sang lorsque la résistance est devenue inutile.

On indique à l'ennemi l'intention de capituler en arborant un drapeau blanc.

claire à poser, c'est qu'en dehors du théâtre de la guerre, les parties ont les mêmes droits qu'en temps de paix, et que, sur ce théâtre, elles ne doivent rien changer aux conditions respectives dans lesquelles elles se trouvaient au moment de la conclusion de l'armistice.

Au surplus, on voit combien il est utile de donner le plus de précision possible aux clauses des armistices.

(1) On ne serait pas fondé à considérer, comme une rupture de l'armistice, le fait de sa violation par des soldats isolés ou par des habitants du pays. Si cette violation se produit, l'ennemi a seulement le droit de demander la punition des coupables et la réparation du dommage.

Le droit de conclure des capitulations appartient aux chefs d'armée et d'escadres, aux commandants de place et de corps isolés.

Les capitulations peuvent être faites sous des conditions très variées se rapportant à la sauvegarde des personnes ou des choses; mais on défend au vainqueur de faire aucune stipulation qui ait rapport à la constitution politique et à l'administration de la place qui capitule (1).

Lorsque le vainqueur veut rendre hommage au mérite de la résistance, qu'il a rencontrée chez les troupes du vaincu, il leur accorde les *honneurs de la guerre*, c'est-à-dire le droit de défiler devant ses propres troupes, au son des trompettes, avec armes et bagages (2).

Il va du reste de soi que la capitulation sans conditions ne saurait, dans aucun cas, donner au vainqueur le droit de mettre à mort ceux qui ont capitulé, et qu'il ne peut que les faire prisonniers (2).

---

(1) Bluntschli (article 697) fait remarquer que l'histoire cite plus d'un exemple de capitulations dont les clauses ont été foulées aux pieds par le vainqueur, et il déplore, à ce sujet, les imperfections et l'impuissance du droit international.

C'est qu'effectivement le droit international étant une morale, ne doit compter, pour être obéi, que sur la conscience et l'intelligence des peuples, et, c'est là ce qui fait la faiblesse, mais aussi la grandeur de sa sanction.

(2) Il peut, en outre, être dit ou que les troupes seront libres de se rendre où elles voudront, ou qu'elles déposeront leurs armes après le défilé et devront, pour être libres de partir, prendre l'engagement de ne plus participer à la guerre, ou même qu'après le défilé, elles seront prisonnières de guerre.

(3) Remarquons, au sujet des drapeaux, que l'honneur militaire impose aux chefs de l'armée vaincue l'obligation de les détruire avant la capitulation.

CHAPITRE X

FIN DE LA GUERRE

Les auteurs enseignent qu'il y a trois moyens de mettre fin à la guerre et de réaliser la paix. Ces moyens, enseignent-ils, sont :

1° La cessation de fait des hostilités de la part des États belligérants et la reprise entre eux des relations pacifiques ;

2° La soumission absolue de l'un des États belligérants à l'autre par suite de conquête et d'absorption ;

3° La conclusion d'un traité général et formel de paix (1).

Examinons chacun de ces trois moyens.

Cessation de fait des hostilités de la part des États belligérants et reprise entre eux des relations pacifiques.

Ce premier moyen, d'ailleurs peu pratique, a le grave inconvénient de laisser indéterminée la base de la reprise des relations pacifiques et le moment précis où la guerre a cessé.

On admet :

Que le *statu quo post bellum* (l'état dans lequel on se trouve après la guerre) existe tant qu'on ne

____

(1) Voir Calvo, t. IV, p. 349 et Bluntschli, articles 700, 701 et 703.

6

conteste pas les modifications de fait survenues à la suite de la guerre;

Que, pour le reste, le *statu quo anté bellum* (l'état dans lequel on se trouvait avant la guerre) demeure la règle.

Soumission absolue de l'un des Etats belligérants à l'autre par suite de conquête et d'absorption.

Les auteurs définissent fort obscurément ce moyen; ils admettent comme valables en droit :

L'annexion du territoire conquis;

La substitution, quant aux droits publics, de l'État vainqueur à l'État vaincu.

Ils veulent bien reconnaître que l'État vainqueur n'acquiert pas « un droit absolu sur les personnes et sur les biens (1) ».

Cette théorie n'est que la consécration mitigée d'un des plus monstrueux abus de la force; nous disons, nous, que, dans le cas où un peuple est conquis et absorbé, c'est à ce peuple que le droit reste ou passe, et ce que le droit international est tenu de proclamer c'est qu'au profit du peuple conquis et absorbé le droit de revendication est éternel (2).

Conclusion d'un traité général et formel de paix.

Le traité de paix devrait être la convention par laquelle l'Etat qui a offensé le droit d'un autre Etat réparerait cette offense et indemniserait, en outre,

(1) Calvo, t. IV, p. 351.
(2) Voir, d'ailleurs, plus bas, p. 123.

l'État offensé des frais de la guerre; dans la réalité des faits, le traité de paix est d'ordinaire une convention par laquelle, tout point de vue de droit à part, l'État le plus fort impose sa volonté à l'État le plus faible. Or, si c'est l'État qui avait contre lui le droit qui a été le plus fort, il est évident que le traité a toutes les chances possibles d'être entaché d'injustice et, par conséquent, d'être vicieux. Et si c'est l'hypothèse inverse qui se produit, si c'est l'État qui s'est montré le plus fort qui avait pour lui le droit, plus la guerre aura affaibli l'adversaire, plus le vainqueur pourra-t-il être tenté de sortir de la justice; aussi quelle surveillance n'aura-t-il pas à exercer sur lui-même, afin de n'exiger dans le traité que ce que le Droit autorise!

Les traités de paix étant la manière la plus habituelle dont la guerre prend fin et présentant une haute importance, il convient d'en exposer, avec quelques détails, la procédure et toute la théorie.

CHAPITRE XI

TRAITÉS DE PAIX

Médiation officieuse et médiation armée.

Le plus souvent, les ouvertures de paix et les négociations qui s'y réfèrent sont directes; mais elles peuvent aussi avoir lieu par l'entremise d'une tierce puissance qui joue le rôle de médiateur.

Nous avons déjà parlé de la médiation qui a pour but de prévenir la guerre en suggérant entre les deux États en désaccord les bases d'une entente amiable; ce que nous en avons dit s'applique évidemment à la médiation qui a pour but de rétablir la paix, du moins tant que l'État qui intervient, comme médiateur, se borne à donner des conseils; mais si c'est par la force que cet État entend imposer les conditions de la paix, la médiation, dite, dans ce cas: *Médiation armée*, revêt un caractère tout différent de la médiation, simplement *officieuse*.

En effet, tandis que, pour la médiation officieuse, il ne saurait y avoir aucune question de droit à soulever, pour la médiation armée, au contraire, ce qu'il s'agit avant tout de savoir, c'est de quel droit peut arguer le médiateur. Or, ce droit, c'est toujours le même, c'est le seul qui puisse être le fondement légitime de la guerre, ce droit ne peut être que le droit de légitime défense de l'un des belligérants contre l'autre (1), ou celui du médiateur, lésé lui-même par la guerre dans ses droits (2).

Quant à la forme dans laquelle le médiateur dénonce ses intentions de prendre part à la lutte, si les conditions qu'il prétend imposer ne sont pas accep-

(1) Il est possible aussi que le médiateur soit d'avis que les belligérants ont à se faire des concessions réciproques; mais quel rôle difficile et délicat à jouer que de chercher à départager soi-même par la force des belligérants!

(2) Certains auteurs, MM. Funck-Brentano et Albert Sorel, p. 317, disent que la médiation armée est un acte politique dont les gouvernements sont seuls juges.

Ces auteurs oublient d'ajouter que les gouvernements ont, à leur tour, un juge, que ce juge c'est la raison, et qu'en tant qu'elle règle les rapports des individus et des peuples, la raison c'est la Morale, et c'est aussi le Droit.

tées, elles consistent, en général, dans un ultimatum adressé aux belligérants. A partir de l'envoi de cet ultimatum, le médiateur armé cesse d'être un État neutre: il devient l'allié d'un des belligérants, ou bien il fait la guerre pour son propre compte, et, dans les deux cas, il ne peut plus se réclamer que du seul droit de la guerre.

Préliminaires de paix.

Mais supposons que, directes ou indirectes, les négociations pour la paix aient abouti ; presque toujours, dans cet état d'antagonisme et de sentiments respectifs d'injustice où les nations vivent encore, chacun des belligérants cherchant jusqu'au bout à tirer à lui ce qui est le droit de l'autre, presque toujours, disonsnous, même après que les conditions principales de la paix seront convenues, faudra-t-il de longs pourparlers pour en régler les détails et, en outre, l'accomplissement de non moins longues formalités pour en arriver à la signature d'un traité définitif; de là, afin d'amener sans aucun retard le rétablissement de la paix, la coutume de recourir à une convention provisoire, connue sous le nom de *préliminaires de paix.*

Comme on le voit, les préliminaires de paix sont destinés à poser et à déterminer les bases du traité définitif, et l'on professe que, dès qu'ils sont signés et ratifiés, ils ont, dans la limite de ce qu'ils renferment, les mêmes effets que les traités par lesquels ils doivent être remplacés.

Remarquons :

Que lorsque les préliminaires de paix n'ont pas

été précédés d'un armistice, ils en établissent toujours un ;

Que souvent, aussi, ils portent l'indication d'un lieu et d'un délai dans lesquels devra être signé le traité définitif.

Conclusion définitive de la paix.

Le point de savoir à qui appartient le droit de conclure définitivement la paix, relève du droit politique, et la constitution de chaque État en décide.

Aujourd'hui, en France, de même que c'est en réalité, le Parlement (Chambre des députés et Sénat) qui est investi du droit de faire la guerre, de même est-ce aussi le Parlement qui a le pouvoir de faire la paix (article 8, second alinéa de la loi du 16 juin 1875 sur les rapports des pouvoirs publics (1).

Quant à la date à partir de laquelle peut être exigée l'exécution des traités de paix, c'est, en principe, celle de l'échange des ratifications ; les traités de paix ne sont parfaits qu'après cet échange.

Différentes manières dont peuvent être faits les traités de paix lorsqu'il existe plus de deux belligérants. — Acte d'accession. — Acte d'acceptation.

Lorsqu'il existe plus de deux belligérants, il se peut :

Que l'on rédige un seul traité où tous les belligérants sont parties principales ;

(1) Jusqu'à ce que le Parlement ait statué, les traités n'existent qu'en projet ; les ministres proposent les traités de paix ; les Chambres en modifient ou en rejettent telle ou telle clause, les acceptent ou les rejettent en bloc ; c'est à elles qu'appartient le dernier mot.

Que chaque État belligérant signe avec son ennemi un traité séparé ;

Qu'un ou plusieurs des belligérants *accèdent* à un traité, déjà conclu, dans lequel ils deviennent, de cette façon, partie principale;

Que, dans le cas où certains États alliés d'un des belligérants n'ont pris à la guerre qu'une part indirecte, le belligérant, leur allié, fasse insérer dans le traité où il est lui-même partie principale, une clause en leur faveur ;

Qu'enfin on ajoute au traité des conventions séparées, conclues avec les États alliés d'un des belligérants, et que ces conventions soient déclarées faire partie de l'*instrument* principal.

Quelquefois aussi des neutres sont invités à *accéder* à un traité.

Dans ce dernier cas, de même dans celui où un des belligérants vient, après coup, comme partie principale, à accéder à un traité, on dresse un acte, dit *d'accession*, dans lequel on insère le traité de paix. De leur côté, les parties principales qui ont déjà signées doivent en pareil cas, si elles acceptent l'accession, le faire connaître au moyen d'un acte, dit *acte d'acceptation*, qui reproduit à la fois le traité de paix et l'acte d'accession.

Acte de protestation.

Il peut arriver aussi que certains États veuillent protester contre l'ensemble ou contre plusieurs articles seulement d'un traité de paix; dans ce cas, ils adressent un *acte de protestation* aux principales puissances qui ont figuré dans le traité.

Forme et contenu des traités de paix.

Les États contractants sont évidemment libres de rédiger les traités de paix comme il leur convient. Toutefois, il y a des usages toujours suivis, et c'est ainsi que en tête du traité, l'on fait d'abord figurer l'énoncé de ses motifs et les noms des plénipotentiaires qui l'ont rédigé. Viennent ensuite deux séries de clauses, les unes générales, les autres spéciales.

Les clauses, dites *générales*, sont, comme on le conçoit celles que l'on retrouve dans tous les traités de paix; les clauses *spéciales* sont celles qui sont propres en particulier à tel traité.

Les unes et les autres, et les spéciales surtout, exigent certains développements.

Clauses générales des traités de paix.

Ces clauses sont, en réalité, des conséquences naturelles du rétablissement de la paix ; elles concernent :

La cessation des hostilités :

L'*amnistie*, au sens où le droit international prend ce terme ;

La libération des prisonniers de guerre;

La remise en vigueur des traités dont l'exécution s'était trouvée suspendue par la déclaration de guerre.

En premier lieu, quant à la cessation des hos-

(1) C'est l'imperfection seule du droit international, l'imperfection de sa doctrine et de ses règles, l'imperfection de son autorité qui rendent utile l'insertion plus ou moins détaillée de ces clauses dans les traités de paix. Aussi y a-t-il des traités où certaines de ces clauses ont été réputées sous-entendues.

tilités, il est de règle que lorsque certains corps de troupes ont commis des actes d'hostilité après la conclusion de la paix, on doit, dans tous les cas, autant qu'il est possible, chercher à rétablir les choses dans leur état antérieur ou dédommager les intéressés. Ainsi, un corps de troupes, ignorant la conclusion de la paix, s'est-il emparé d'une forteresse, il sera tenu de l'évacuer; dans les mêmes circonstances, a-t-il capturé un navire, le conseil des prises devra libérer ce navire (comparer plus bas, p. 137).

Néanmoins, on admet que les troupes qui se trouvent en pays ennemi, au moment de la conclusion de la paix, ont le droit de prendre des mesures de transition afin de pourvoir à leur sûreté.

En second lieu, que faut-il entendre par l'*amnistie* en droit international? C'est la cessation de toute poursuite et de tout acte de répression contre des ressortissants de l'État envahi qui, par des faits militaires ou politiques, sans être des belligérants, auraient, sur le territoire envahi, cherché à nuire à l'envahisseur, et se seraient ainsi placés en dehors du droit de la guerre (1).

(1) Tel qu'il est aujourd'hui compris, c'est-à-dire comme une lutte d'État à État.

Et, quant à nous, nous réclamons l'amnistie pour ceux que nous venons d'indiquer, même dans le cas où, la condamnation est déjà acquise au moment de la paix, car il peut arriver que l'exécution à mort n'ait pas encore eu lieu, il arrivera aussi, espérons-le, que l'ennemi aura fait aux condamnés grâce de la vie. Or, ces hommes, que nous voulons comprendre dans l'amnistie, le plus souvent sont des patriotes qui, peu au courant des lois de la guerre, n'ont pas rempli toutes les conditions exigées pour avoir titre de combattants.

Au contraire, nous refusons d'une manière absolue d'étendre l'amnistie :

En troisième lieu, pour ce qui concerne les prisonniers de guerre, il y a à dire que leur libération est de droit, puisqu'ils n'étaient prisonniers qu'en vue d'affaiblir l'ennemi, tant que durait la guerre, et en vue d'amener la fin la plus prompte possible des hostilités.

Ne peuvent être exceptés que les prisonniers qui, durant leur captivité, se seraient rendus coupables de délits de droit commun, car ceux-là sont soumis, selon la règle, à la loi du territoire sur lequel le délit a été commis.

Mais si, parmi les prisonniers de guerre, il en est qui soient passibles de peines disciplinaires pour insubordination, tentatives d'évasion ou autres actes tenant uniquement à leur caractère de prisonniers, ils ne peuvent, dans aucun cas, être retenus, car c'est comme prisonniers de guerre qu'ils ont été punis, et, par l'effet de la paix, ils ont cessé d'être prisonniers de guerre.

Toutefois, il est d'usage que ce soit sous la surveillance de l'autorité militaire que s'accomplisse le rapatriement des prisonniers de guerre (1).

Enfin, en quatrième lieu, la guerre n'ayant rompu, quant aux traités qui, au moment de la déclaration de guerre, existaient entre les deux États devenus ennemis, que ceux dont le maintien était incompa-

1° Même aux soldats non encore condamnés, qui auraient commis des actes que proscrit le droit de la guerre;

2° A ceux qui ont commis, au profit de l'ennemi, des actes de trahison envers leur pays.

(Comparer Funck Brentano et Albert Sorel, p. 315; Calvo, t. IV, p. 364; Bluntschli (articles 710-713).

(1) Ajoutons que lorsque les prisonniers de guerre laissent des dettes impayées, assez souvent une clause du traité met ces dettes à la charge de l'État auquel ils appartiennent.

tible avec la situation respective nouvelle des deux États, et ayant simplement suspendu l'exécution de tous les autres, on conçoit que ces derniers rentrent en vigueur de plein droit, à moins qu'ils n'aient été modifiés par le traité de paix, ou qu'ils ne concernent des choses que la guerre a anéanties ou modifiées.

Clauses spéciales des traités de paix.

Ces clauses, on le comprend, sont extrêmement variées; elles peuvent aller, comme disent les auteurs du *statu quo anté bellum* (état dans lequel on se trouvait avant la guerre), jusqu'au *statu quo post bellum* (état dans lequel on se trouve après la guerre) (1).

Mais cela ne se rapporte qu'au fait, et ce qui nous importe, en droit, c'est que le traité se rapproche le plus possible du Droit, c'est qu'il réalise le plus possible la Justice pour chacun; or, ce qui apparaîtra de plus en plus, c'est que *les États existent pour et par les populations, non les populations pour et par les États*, et que la règle du Droit, de la Justice, c'est que les États soient composés, selon le vœu des populations.

Les clauses spéciales des traités, en même temps qu'elles sont celles qui donnent aux traités leur sens et leur portée, en forment la grande difficulté et

—————

(1) On désigne aussi ce prétendu principe par les formules de *statu quo bellum res reliquit* (état dans lequel la guerre a laissé les choses) et de *uti possidetis* (comme vous possédez). (Voir plus bas p. 113, note 1, l'origine de cette dernière locution.)

aussi le grand écueil; car il n'est guère plus facile au vainqueur entre deux peuples, au lendemain de la victoire, qu'il ne le serait au vainqueur entre deux individus, au lendemain d'une rixe sanglante, de ne pas se laisser entraîner par les colères et par les ressentiments de la veille, de ne pas se laisser persuader par les fausses suggestions de ce qu'il croit être son intérêt propre, d'écouter les réclamations du vaincu, et de savoir, pour rétablir la paix, faire le départ entre le juste et l'injuste.

Et cependant elle est fragile entre toutes, l'œuvre des traités qui n'ont pas le droit pour base !

C'est pourquoi il importe d'autant plus qu'au sujet des clauses spéciales des traités, le droit international pose des règles précises et fermes, indique l'étendue du débat qu'il autorise entre les parties, fixe les limites que le vainqueur ne saurait franchir, sans franchir en même temps celles du droit.

On peut rapporter à trois séries les clauses spéciales les plus usitées :

Celles qui ont pour objet des modifications du territoire, ou, pour mieux dire, de la circonscription des États;

Celles qui concernent l'indemnité de guerre ;

Celles qui sont relatives aux garanties qui peuvent être stipulées pour assurer l'exécution des traités et, en particulier, le paiement de l'indemnité de guerre.

Clauses ayant pour objet des modifications du territoire ou de de la circonscription des États. — Dans cette matière, le Droit international ne saurait avoir de règles propres et il ne peut, s'il y échet, que laisser place à l'application de celles du droit politique.

Or, il faut professer, en droit politique, que les habitants des différentes parties du territoire d'un État ne sont pas l'accessoire du territoire, que ce sont eux — les personnes — qui sont le principal, et le territoire — la chose — qui est l'accessoire, et que, de même que ce serait le droit des autres citoyens d'un État, de rejeter de toute association avec eux, de rejeter de l'État les habitants d'une partie du territoire ainsi que cette partie du territoire qu'ils n'y voudraient plus conserver, de même est-ce le droit des habitants d'une partie du territoire de se refuser à continuer d'être unis aux autres citoyens de l'État, de continuer, eux et la partie de territoire sur laquelle ils vivent, à être compris dans l'État (1).

(1) C'est une idée à reléguer parmi les croyances chimériques, parmi les dogmes politiques, que celle de l'*indivisibilité* de l'État et de son territoire, et fût-elle inscrite dans la constitution d'un peuple, cette idée n'en acquiert pas pour cela plus de valeur; car il n'est jamais permis aux individus de se dépouiller des droits qui sont essentiels à leur liberté; or, si c'est un Droit essentiel à la liberté de chacun de pouvoir, individuellement, sortir à son gré de la grande association perpétuelle qui s'appelle l'État et des associations, également perpétuelles, qui sont comprises en sous-ordre dans l'État, Provinces, Cantons, Communes, il est tout aussi essentiel à la liberté des individus que lorsque la majorité dans la Province, dans le Canton ou dans la Commune, veut rompre le lien qui unit à l'État la Province, le Canton ou la Commune, elle soit admise à le faire. Mais il n'en est pas d'une Province, d'un Canton, d'une Commune comme d'un individu. Une Province, un Canton, une Commune a un territoire qui lui est propre, et toute la question est de savoir si en raison, si en droit et en justice, le territoire de la Province, du Canton, de la Commune doit être regardé comme appartenant à la Province, au Canton, à la Commune, de préférence à l'État.

Mais la question, posée dans ces termes, ne saurait être dou-

Mais la réciproque s'impose, et ce n'est aussi que, par la volonté de la majorité des citoyens ou par sa volonté à elle-même, qu'une partie des habitants d'un État peut, avec son territoire, être retranchée de l'État.

Et ce qui est vrai de la séparation d'avec un État est vrai aussi du rattachement à un autre État; il y faut, selon le principe du Droit, à la fois le consentement de ceux qui sont rattachés et le consentement de ceux auxquels on les rattache.

Car ce principe, c'est celui qui domine toutes les associations, celle qui est l'État, comme toutes les autres.

teuse, et il est clair que c'est aux individus qui, pris en masse, constituent telle Commune, tel Canton, telle Province, qui, sont les habitants du territoire de cette Commune, de ce Canton, de cette Province, que doit être attribué ce territoire, de préférence aux habitants des autres Communes, des autres Cantons, des autres Provinces, de préférence finalement aux autres habitants de l'État. Seulement, entre la Commune, le Canton, la Province, qui, par hypothèse, se sépareraient de l'État, ce qu'il pourrait y avoir à régler, ce sont des intérêts pécuniaires; les habitants de la Commune, du Canton, de la Province devant, par exemple, leur part dans la dette générale de l'État (dette publique), ou bien encore devant racheter, dans une mesure proportionnelle, les voies de communication construites avec les deniers de l'État.

L'indivisibilité du territoire a été imaginée comme une barrière à dresser devant l'omnipotence de ces souverains qui si longtemps, se sont arrogé le droit de disposer du territoire de l'État comme de leur domaine propre; elle a aussi servi, à une illustre époque, comme moyen de défense contre des politiques qui ne comprenaient pas qu'en face de l'envahisseur, avant de songer à s'organiser, il fallait d'abord songer à vaincre; elle n'a jamais été, en définitive, qu'un expédient. Quant à la doctrine que nous exposons, elle ne sera jamais une menace pour l'État qui s'appuiera sur l'unique force qu'avouent la Morale et le Droit, qu'avoue la raison, sur celle qui, de plus en plus, groupera les hommes dans la libre vo'onté de conserver les mêmes traditions et de réaliser les mêmes progrès; jamais elle ne menacera que les oppresseurs.

Car ce principe, c'est celui qui domine toutes les branches du Droit, c'est celui qui est le Droit lui-même : *à chacun, dans toutes les sphères, la plus complète possibilité, selon le Droit, de disposer de lui-même; à chacun, la plénitude de sa liberté.*

Que si, revenant au droit international et aux traités de paix, nous nous demandons maintenant s'il peut y avoir dans un traité de paix des clauses concernant des remaniements de territoire ou de circonscriptions des États et quelles devront être les conditions de ces remaniements, la réponse est facile :

Il arrive fréquemment que c'est parce qu'à un certain moment un État a abusé de sa force contre un autre État pour séparer violemment de ce dernier une partie de ses habitants que le vaincu, lorsqu'il se croit devenu assez fort pour lutter contre le vainqueur, engage la lutte contre celui-ci; mais, s'il triomphe à son tour, il ne manquera pas d'exiger un remaniement qui rétablisse l'ordre antérieur. Toutefois, sa victoire n'ajoute rien à son droit, ou plutôt elle n'ajoute rien au Droit; le Droit était resté le même après la défaite, il reste le même après la victoire; et le lien de l'association entre les différentes parties d'un État, rompu par une violence étrangère, peut toujours se reformer selon le Droit, s'il y a consentement réciproque des différentes parties de l'État.

Par là, l'on voit comment les traités de paix peuvent fournir l'occasion de faire subir au territoire des États des modifications et à quelles conditions est subordonnée la légitimité de ces modifications.

Mais, à l'inverse, il résulte aussi de ce qui vient

d'être dit que toute clause d'un traité de paix qui
stipule un remaniement de territoire et n'indique,
ou ne suppose pas, comme condition essentielle, le
consentement des populations — la consultation ou
la manifestation la moins doûteuse possible de leur
plus libre volonté — toute cession de territoire, faite
en dehors du consentement des populations et sans
ce consentement, toute conquête, en un mot, est
en dehors du Droit et contre le Droit (1).

Que si, durant la guerre, certains territoires ont été
envahis et occupés par l'ennemi, et que, dans le
traité de paix, il ne soit pas question de la restitution de ces territoires, les auteurs professent que
c'est l'*uti possidetis*, en d'autres termes, l'état de
possession et de fait, existant au moment de la conclusion de la paix, qu'il faut réputer être implicite-
ment consacré par le traité (2).

Nous repoussons, pour notre part, aussi bien les
modes implicites que les modes explicites de cession

(1) Voir, d'ailleurs, plus bas, p. 123.
On pourrait opposer que, dans les monarchies absolues, le
monarque, ayant le droit de vie et de mort sur ses sujets et
étant le maître de l'Etat, a bien le droit de disposer de l'Etat
et de ses sujets, comme bon lui semble, de céder une partie
de l'Etat, de céder une partie de ses sujets.

Cela, en effet, a appartenu au passé de l'histoire, et il y a des
peuples — et aussi des peuplades, — qui en sont encore à ce
passé.

(2) Bluntschli, en particulier, écrit (article 715) : « L'état de
possession, au moment de la conclusion de la paix, est, à moins
de dispositions contraires, considéré comme la base du nouvel
ordre public, engendré par la paix. »

Et Bluntschli ne s'occupe pas du Droit, ou plutôt il admet
qu'ici le fait, c'est le Droit, il admet un nouvel ordre qui pourra
n'être fondé que sur l'injustice et sur la force, auxquelles doit
céder le vaincu

Et voilà comment Bluntschli conçoit les bases sur lesquelles
reposent « l'ordre et le Droit dans l'Humanité » (Art. 516.)!

et de conquête, et, dans le cas qui vient d'être indiqué, si le traité de paix est muet sur la question de restitution, il ne saurait être douteux, pour le Droit, que la restitution doit se faire, ou, pour parler le langage reçu, que ce n'est pas la règle de l'*uti possidetis*, mais celle du *statu quo antè bellum* qu'il faut appliquer (1).

Et comme l'occupation par l'ennemi du territoire à restituer n'a été motivée, en droit, tant qu'a duré la guerre que par la présomption de légitime défense existant pour chaque belligérant, qu'il suffit, au surplus, au belligérant qui envahit le territoire de l'ennemi, de paralyser l'*exercice* du droit de l'ennemi sur ce territoire, non seulement le droit d'occupation de l'envahisseur prend fin au moment où la guerre elle-même prend fin, et l'on n'en respecte que les effets définitivement consommés à ce moment-là; mais aussi, au même moment, l'Etat envahi, qui avait toujours conservé la *jouissance* de son droit sur le territoire envahi et n'en avait perdu que l'exercice, en recouvre l'exercice.

De même en est-il, lorsque, dans le traité de paix, il se trouve une clause expresse de restitution du territoire envahi durant la guerre (2).

Clauses ayant pour objet l'indemnité de guerre. — Nous supposons le cas d'une guerre fondée sur la

(1) Cette bizarre expression d'*uti possidetis* a été empruntée au Droit romain où elle s'appliquait dans des matières, dans un sens et avec des effets tout différents.

On conçoit, au surplus, que lorsqu'il s'agira de modifications de territoire quelque peu graves, elles feront toujours, dans le traité de paix, l'objet de clauses formelles.

(2) Ce résultat est, selon les auteurs, une application de ce qu'ils nomment la fiction ou le *droit de postliminie*. Nous nous expliquerons plus loin sur cette fiction (voir p. 138, Nota).

légitime défense et nous supposons, en même temps, que la victoire soit finalement demeurée à celui des belligérants qui avait le Droit pour lui.

Dans ce cas, rien de plus juste assurément que la réclamation par le vainqueur d'une indemnité, d'une réparation pécuniaire, et c'est, toute question de restitution d'un territoire usurpé mise à part, la seule sanction juridiquement possible, la seule sanction normale de la guerre.

Mais d'après quelles bases calculer cette indemnité, cette réparation ?

Nous y trouvons pour notre part, d'une manière générale, deux éléments :

1º Celui des dépenses de guerre qu'a faites le vainqueur ;

2º Celui des pertes matérielles que la guerre lui a causées.

Le premier de ces deux éléments est susceptible, sinon d'une évaluation rigoureuse, au moins d'une approximation, qui, dépassât-elle la mesure exacte, ne saurait jamais léser sérieusement le vaincu.

Quant au second, on ne peut nier qu'il n'ouvre un large champ à l'appréciation discrétionnaire du vainqueur, car il n'est pas facile de déterminer et d'évaluer, dès le moment de la paix, non seulement les pertes matérielles que l'État a subies lui-même, mais celles dont il sera légal ou équitable qu'il indemnise ultérieurement les particuliers ; aussi peut-on craindre que, de ce chef, le vainqueur ne soit enclin à formuler des exigences exagérées et à abuser de sa force ; mais un État, ami de la Justice, aura à cœur de ne pas commettre, sous prétexte de lui imposer une indemnité de guerre, une spoliation envers le vaincu; un État éclairé se gardera de chercher à accumuler des richesses n'ayant pas pour source le travail (1).

Clauses ayant pour objet les garanties destinées à assurer l'exécution des traités de paix et, en particulier, le paiement de l'indemnité de guerre. — Les garanties le plus habituellement stipulées et d'ailleurs, admises par tous les auteurs, sont de deux sortes, personnelles et réelles (1).

Les garanties personnelles peuvent consister :

Dans un traité accessoire, dit *de garantie*, par lequel une tierce puissance promet d'assurer l'exécution générale d'un traité ;

Dans un contrat accessoire de cautionnement par lequel un État s'engage à payer l'indemnité de guerre promise par un autre État, à défaut par celui-ci d'accomplir lui-même son obligation.

Il se peut aussi que ce soit des maisons de banque particulières qui se portent caution pour un État.

(1) Les auteurs, en général, critiquent avec vivacité l'indemnité de guerre ; mais, en y regardant de plus près, on voit que ce à quoi ils s'attaquent, c'est bien moins au principe qu'à l'exagération de l'indemnité et aussi au cumul de l'indemnité de guerre et de la conquête (voir, en particulier, Calvo, t. III, p. 229 et suivantes).

Les auteurs ont, à nos yeux, raison sur ces deux points ; seulement, sur le second, ce qu'ils rejettent, c'est l'indemnité ; ce que, nous, nous rejetons, c'est la conquête.

(1) Jusqu'à ces derniers siècles, les États cocontractants avaient, d'ailleurs, l'habitude de s'engager par un serment réciproque, à respecter le traité conclu entre eux.

Mais, plus d'une fois, les États européens ont été amenés à se convaincre, dans leurs rapports respectifs, que le serment n'ajoutait rien à la valeur de la parole donnée, et ce n'est aujourd'hui qu'à l'égard des peuples barbares, qu'ils font appel à la sanction du serment.

Les traités de garantie sont déclarés par les auteurs matière de droit public, et, comme ils peuvent menacer l'indépendance de l'État sur lequel s'étend la garantie, en amenant, s'il y échet, l'intervention de l'État garant, ils sont soumis aux deux règles suivantes :

1° Pour que la garantie soit valable, il faut le consentement des deux parties qui ont conclu le traité principal ;

2° Pour que le garant ait le droit d'intervenir, il faut non seulement que les événements l'exigent, mais encore que la partie intéressée le lui demande expressément (1).

Le contrat de cautionnement, relatif à l'indemnité de guerre, ne relève que du droit privé.

Les garanties réelles que l'on rencontre dans les traités et que mentionnent les auteurs sont :

La remise d'otages ;

La remise d'un gage matériel ou de titres ou de valeurs représentant la somme due ;

L'occupation militaire d'un territoire faisant partie de l'État cocontractant, laquelle occupation est dite *hypothèque du droit public.*

La remise d'otages, comme garantie des traités de paix, tombe peu à peu en désuétude ; mais, ainsi qu'il a été dit plus haut, c'est tout le système des otages qui est odieux et qui est à chasser du Droit.

Au sujet de l'occupation militaire ou hypothèque

---

(1) Il existe d'autres traités de garantie, ceux-là *indépendants* et *principaux*, dans lesquels le droit d'intervention est stipulé en faveur des garants ; tels sont, par exemple, les traités qui ont garanti « dans l'intérêt de la paix européenne » la neutralité de la Belgique (1839), la neutralité toute spéciale de la Roumanie l'indépendance de l'Empire Ottoman (1856).

du droit public, nous ferons remarquer que cette étrange hypothèque s'appliquant à un territoire habité, c'est dans ce cas, selon le langage propre aux juristes, *la personne qui cède au sol*, qui devient *l'accessoire* du sol; et si bien y cède-t-elle, si bien en devient-elle l'accessoire, que, lorsque l'obligation n'est pas exécutée, l'État créancier est déclaré avoir le droit de s'annexer le sol et ses habitants.

Quoique les États les plus civilisés pratiquent l'hypothèque du droit public et qu'elle soit même la garantie habituelle des traités; quoique, de leur côté, les auteurs fassent effort pour la rendre acceptable, en marquant le mieux qu'ils peuvent la distinction entre l'occupation qui a lieu pendant la guerre et qui n'est soumise qu'au *droit de la guerre* et l'occupation qui garantit un traité de paix et qui relève du *droit de la paix*, nous repoussons l'hypothèque prétendue du droit public :

Parce qu'il n'est pas admissible, en droit, que la possession des choses puisse jamais entraîner, à un point de vue quelconque, celle des personnes ;

Parce qu'il y a lieu de condamner, au nom du Droit, tout aussi bien l'annexion ou la conquête éventuelle, sous une forme indirecte et dissimulée, que la conquête certaine, directe et brutale.

En résumé, des différentes garanties des traités de paix, le Droit n'a à conserver que les garanties personnelles, et, parmi les réelles, que la seule remise d'un gage matériel ou de titres ou de valeurs représentant la somme due (1).

(1) De nos jours, il serait bien difficile, en général, de trouver des gages matériels d'une importance assez considérable pour garantir l'exécution des traités de paix; le gage qui convient

Causes de nullité et de résolution des traités de paix.

Voyons d'abord les causes de nullité.

Les traités entre les nations, quel qu'en soit le but, sont exactement ce que sont les contrats entre les individus, et tout ce que, en raison et en droit, l'on considère comme devant produire la nullité ou l'annulabilité des contrats entre les individus doit également produire, en raison et en droit, la nullité des traités entre les nations (1).

Car, que les hommes contractent ou traitent en-

le mieux à nos conditions économiques est, en dehors du cautionnement des grandes maisons de banques particulières, la remise, par l'Etat débiteur à l'Etat créancier, de titres ou de valeurs représentant la somme due.

(1) Nous disons : la nullité, parce que, pour les traités de paix du moins, nous n'admettons que des causes de nullité.

Il est vrai que le droit civil, subtilement, distingue des causes de nullité et des causes d'annulabilité des contrats, c'est-à-dire des cas où la volonté n'existe pas et des cas où elle est simplement viciée. L'intérêt le plus pratique de cette distinction est que, dans les cas où la volonté n'existe pas, aucune ratification du contrat n'est jamais possible, tandis que, dans les cas où la volonté est simplement viciée, si celui qui aurait pu se prévaloir du vice n'a pas agi en justice pour faire annuler son contrat durant un délai que la loi détermine, il est réputé, une fois ce délai expiré, avoir *ratifié* le contrat vicieux ; et, en effet, chacun est libre d'intenter, quand bon lui semble, une action en justice. Mais supposons le cas d'un traité de paix ; la nation à laquelle ce traité aura été, plus ou moins, arraché par la force n'est pas libre de faire la guerre quand bon lui semble. Il n'y a donc à attribuer à son attitude expectante aucune valeur de ratification, et le principal intérêt pratique qu'il y a, pour les contrats, à reconnaître des causes qui vicient le contrat sans le rendre radicalement nul, n'existe pas, en conséquence, pour les traités de paix. (Voir dans notre Bibliothèque : *Les Contrats*, p. 28 et suiv.).

Nous ne saurions, au surplus, sans sortir du cadre de ce petit livre, entrer, touchant cette question, dans de plus amples développements.

semble comme individus, qu'ils contractent ou traitent ensemble en associations — et en associations
plus ou moins nombreuses — ce qui est la raison
et le droit pour les individus, l'est pour les associations, même les plus nombreuses, l'est pour les
nations (1).

Les deux principales causes de nullité des traités
de paix sont celles qui se rapportent aux vices du
consentement et à la nature de l'objet du traité,
lorsque l'objet est illicite. Du reste, il arrive fréquemment que les deux causes concourent.

En ce qui concerne le consentement, le vice qui
affecte la plupart des traités, c'est l'atteinte sérieuse
à la liberté du consentement, c'est la *menace*, c'est
la *violence*, et il n'est pas rare que, par l'exagération
des prétentions que, dans le traité de paix, il élève
contre le vaincu, par les menaces et par la violence
dont il use pour forcer l'adhésion du vaincu, le vainqueur même qui soutenait une cause juste, n'arrive
à la rendre injuste.

Aussi ne faut-il pas craindre de proclamer, car
on ne fonde rien sur une base d'injustice, qu'en
droit, la plupart des traités sont vicieux et nuls! et
c'est ce qui fait qu'ils ne sont si souvent que des
trèves, et c'est ce qui les rendrait bien plus pré-
caires encore, si la paix entre les peuples n'avait que
ces seules assises (2).

(1) Cette doctrine, nous devons en prévenir, est contraire à
ce qu'exposent presque tous les auteurs du droit international.
Presque tous enseignent en effet, comme nous allons le voir, que
tel·e circonstance, qui, en droit civil, anéantit le consentement,
le laisse entier en droit international.

(2) Cependant, selon ce que nous avons annoncé, les écrivains
du droit international sont à peu près unanimes pour nier que

Pour ce qui concerne la nature illicite de l'objet du traité de paix, nous entendons faire allusion à tout ce qui, dans l'objet du traité, est contraire à *l'ordre public* vrai, aux conditions essentielles de la liberté des États, à tout ce qui est attentatoire à la liberté des individus, nous faisons, en particulier, allusion à la conquête (1).

Quant aux causes de résolution des traités, il suffit de dire, d'une manière générale, que la violation d'une seule des clauses du traité, peut, à la volonté de la partie adverse, entraîner la rupture du traité tout entier, car il est rationnel de dire, avec Grotius, « que tous les articles d'un traité sont renfermés les uns dans les autres en forme de conditions ».

On range, parmi les violations de traité, la demande injustifiable de délais pour l'accomplissement des stipulations contenues dans le traité.

Remarquons que la partie qui est fondée à se plaindre de la violation d'un traité peut fort bien

l'intimidation, la violence, puisse être une cause de nullité des traités. « Il est inadmissible, dit un des auteurs encore aujourd'hui les plus cités, Vattel, il est inadmissible que, pour se dégager d'un traité de paix, on allègue que ce traité a été *extorqué* par la crainte ou *arraché* par la force ». Et Bluntschli, qui jouit d'un crédit si considérable, Bluntschli répète (article 408), avec ses formes adoucies habituelles : « On *admet* qu'un État conserve sa libre volonté, lors même qu'il est forcé, par sa faiblesse ou par la nécessité, de consentir au traité que lui dicte un autre État plus puissant. » Puis le même juriste ajoute que, si l'on n'acceptait pas *son* principe, « les conflits entre les nations n'auraient pas de fin et la paix ne serait jamais assurée ».

Mais est-elle donc assurée, la paix *extorquée* par la crainte ou *arrachée* par la force, et est-ce une doctrine de justice que celle qui va jusqu'à légitimer la violence?

(1) Pas plus que le Droit et la Justice, l'Ordre *public* ne diffère pour les nations de ce qu'il est pour les individus, et son absolue devise, c'est l'harmonie de tous les droits, l'harmonie de toutes les libertés.

se contenter d'exiger un dédommagement ou des garanties pour l'avenir.

Quant à la rupture de la paix elle-même, elle implique la nécessité de la procédure qui doit précéder la guerre, à moins qu'il ne soit manifeste, d'après les circonstances, que la partie qui, a violé le traité, entend continuer la guerre.

CHAPITRE XII

CLAUSES DES TRAITÉS DE PAIX QUI SONT CONTRAIRES AU DROIT DES PEUPLES SUR EUX-MÊMES

Il y a un droit des peuples sur eux-mêmes, comme il y a un droit des individus sur eux-mêmes, et ce droit des peuples n'est au fond que le droit des individus, appliqué, étendu aux associations, de plus en plus volontaires, que formeront les peuples, et ce droit c'est l'unique droit, c'est le droit de la personne humaine de s'appartenir.

Or, le droit de s'appartenir, quand il s'agit des peuples, se présente sous un double aspect : il est le droit de chaque peuple considéré comme formant une association à part ; il est aussi le droit de chaque peuple dans ses rapports avec les autres associations qui sont également des peuples, il est le droit de chaque peuple en tant que chaque peuple est membre de la grande société des peuples (1).

(1) Ici se présenterait la thèse du prétendu droit des peuples supérieurs vis-à-vis des peuples inférieurs ; on dit, en effet, qu'il existe des peuples qui n'ont pas droit sur eux-mêmes,

Ce droit de s'appartenir, inhérent aux individus, est par là même également inhérent aux peuples, nul ne peut les en dépouiller; et l'Etat, leur organe, ne peut pas plus y renoncer pour eux qu'eux mêmes ne pourraient y renoncer.

Et ce qui est vrai d'un peuple en entier l'est évidemment, pour la même cause, d'une partie quelconque d'un peuple.

De là, il résulte que toute clause qui, dans un traité de paix, touche pour un peuple ou pour une partie d'un peuple, au droit de s'appartenir, ne fût-elle entachée ni de dol ni de violence, tombe et fait tomber avec elle le traité dans lequel elle est inscrite.

Il importe donc, au premier chef, d'examiner les clauses qui, violant le droit des peuples sur eux-mêmes, demeurent cependant dans les usages de la guerre (1).

---

qui sont faits pour obéir et pour être absorbés, sinon détruits, et on invoque Darwin, la concurrence vitale, la sélection naturelle, la lutte sans pitié organisée par la nature, où toujours les plus forts finissent par l'emporter sur les plus faibles.

Le Droit n'est en rien gêné par ces vues; à ses yeux, tout homme a droit sur lui-même, parce qu'il est un homme, tout peuple a droit sur lui-même, parce qu'il est un peuple; ni un homme, ni un peuple, au nom d'une supériorité prétendue, n'a le droit de confisquer le droit d'un autre homme, le droit d'un autre peuple, et, au dessus de la loi de nature qui porte les hommes, pour vivre, à lutter les uns contre les autres, il en est une plus haute qui doit les porter à s'unir, à s'entre-aider et à s'aimer.

(1) Certes, ce n'est pas petite honte pour notre siècle, si vain de ses progrès matériels, que de constater, qu'alors même que s'agitent les plus grands intérêts des hommes, le Droit souvent soit dans un sens et la pratique dans l'autre.

Reconfortons-nous cependant ! Tôt ou tard, la conscience universelle impose le Droit, et c'est le Droit, et c'est l'idée qui finalement mène le monde.

Nous parlerons d'abord de la cession de territoire, c'est-à-dire de la conquête ou annexion non volontaire.

Cession de territoire et conquête ou annexion non volontaire (1).

Les auteurs professent que la conquête n'a de *titre* que par un abandon formel de la part du vaincu. Nous professons, quant à nous, qu'il n'y a jamais de titre pour la conquête, que la conquête est contre le droit inaliénable des peuples, et que, après cent ans, après mille ans, comme au premier jour, le titre du droit est du côté du peuple conquis qui se lève pour reprendre sa liberté.

Qu'est-ce, en effet, que la conquête?

Le monde en a connu bien des formes, mais, sous la plus adoucie comme sous la plus violente et la plus brutale, qu'elle soit consacrée par une cession comme elle l'est, d'ordinaire aujourd'hui, chez les nations civilisées et comme le veulent les auteurs,

____

(1) Le premier, parmi les jurisconsultes, c'est un honneur que nous entendons revendiquer, nous avons rejeté, en dehors du droit, la conquête. Voici ce que nous écrivions à ce sujet, il y a 20 ans :

Les théoriciens du droit civil, à la suite des théoriciens du droit des gens, reconnaissent deux cas de démembrement régulier et deux cas d'annexion régulière :

Celui de la cession amiable d'un territoire de puissance à puissance.

Celui de la conquête consommée.

Les théoriciens de l'un et de l'autre droit se trompent ; l'idée de droit est étrangère aux deux cas : il ne peut y avoir de démembrement légitime que par la volonté propre de ceux qui se séparent ; d'annexion légitime que par la volonté réciproque de ceux qui s'unissent (MANUEL DU DROIT CIVIL, *commentaire philosophique et critique du code Napoléon* (1868, t. I, p. 46 et 33) ou qu'elle se passe de cession, la conquête est le fait de force qui impose à tout un peuple ou à une partie d'un peuple une domination étrangère.

Une domination étrangère imposée, voilà la caractérisque de la conquête! Jusqu'où cette domination s'étendra-t-elle et jusqu'où s'imposera-t-elle? Nul ne peut le dire, car, à l'avance, nul ne le sait.

Ce qui est sûr et ce qui est le moins qu'elle puisse faire, c'est qu'elle enlèvera aux populations conquises le droit de se gouverner elles-mêmes, c'est qu'elle leur enlèvera le droit de disposer d'elles-mêmes.

Et ainsi, ce qu'est, tout au moins, la conquête, c'est à la fois, dans l'ordre politique et dans l'ordre international, la négation chez les peuples du droit de s'appartenir.

Pour tenter de légitimer celle qui s'appuie sur une cession, on a dit qu'elle n'était qu'une simple cession de territoire, puisque, en pareil cas, la coutume s'est de nos jours établie de réserver aux habitants *l'option de nationalité*, c'est-à-dire le choix entre l'émigration chez le vaincu et la soumission au vainqueur. Mais qui pourrait prendre au sérieux un tel argument? Est-ce que le plus grand nombre n'est pas attaché au sol par des liens qu'il ne peut rompre, et, quant à ceux qui s'en vont, à quel prix le font-ils? quels intérêts, quelles affections de toutes sortes ne sont-ils pas contraints de laisser derrière eux!

On a dit encore que la longue possession pouvait arriver à légitimer la conquête, qu'à la longue le fait pouvait se transformer en droit, et que l'injustice du commencement, à la longue, pouvait, par la prescription, devenir la justice de la fin. Et ce sont des sectateurs du droit, ce sont des jurisconsultes qui ont tenu et qui tiennent un pareil langage, tout au moins des hommes habitués à décomposer les faits et à analyser les idées ! Mais ces hommes tombent dans une pleine confusion et commettent une capitale erreur. Il est faux que jamais — par elle-même — la longue possession ait pu fonder dans le monde un seul droit ! Il est faux que jamais un fait qui était sans droit ait eu la puissance mystique, restant le même fait, de se transformer en droit, et, quant à la prescription, elle n'est que la patronne, légèrement discréditée, et la gardienne, devenue quelque peu caduque, d'un certain nombre d'iniquités du genre humain. Ce qui est vrai, le voici : il se peut que, plus ou moins lentement ou plus ou moins vite, les faits nouveaux qui, sans cesse, se produisent entre le peuple conquis et le peuple conquérant, atténuent ou effacent entre eux les divisions d'origine, que ces faits rapprochent leurs intérêts, qu'ils rapprochent leurs mœurs, leurs idées et leurs sentiments, qu'ils rapprochent les deux peuples l'un de l'autre ; il se peut que, quelque jour, la force soit vaincue, la conquête vaincue, qu'il n'y ait plus ni peuple dominateur ni peuple dominé, il se peut que, quelque jour, ce qui soutient et maintient l'union des deux peuples, ce soit leur volonté réciproque, il se peut que, quelque jour, la force et la conquête, à leur tour, cèdent devant le droit. Voilà ce qui a fait l'illusion — étrange — de ceux qui ont soutenu que la longue possession engendre le droit et qu'elle peut légitimer la conquête.

Et, en définitive, rien ne peut légitimer ce qui est illégitime en soi, et pas plus la ratification des populations, par un vote d'adhésion, que la cession ne

peut légitimer la conquête, car un vote d'adhésion
des populations à un acte de force qui s'appuie sur
leur droit de disposer d'elles-mêmes pour les déposs-
séder de ce droit, est un non-sens (1) — et ce qui
ressort et éclate, c'est qu'avec le fait d'assujettir un
peuple au dedans, il n'est pas de pire attentat, que de
le conquérir et de l'assujettir au dehors (2).

Voyons maintenant quels sont, d'après les auteurs,
les traits généraux de la *doctrine* de la conquête.

Comme nous l'avons dit plus haut, on exige
d'abord, pour que la conquête soit régulière, que l'État
vainqueur obtienne de l'État vaincu une cession en
forme, et, tant que cette cession n'a pas eu lieu, ce qui
persiste, c'est l'occupation militaire, l'occupation
fondée sur les seules lois de la guerre (voir plus haut
p. 61).

Au point de vue politique, on professe que la

(1) Quand comprendra-t-on que — *être homme* — *avoir droit* —
être libre, — ce sont trois termes qui s'équivalent?

(2) Parmi les traités de conquête qui, depuis un siècle, ont le
plus outrageusement violé le droit des peuples, il faut citer au
premier rang :

Les traités qui consacrèrent le démembrement de la Pologne;
(1772, 1793, 1794);

La plupart des traités imposés par le conquérant qui fut
Napoléon, et notamment celui de Tilsitt (7 juillet 1807) qui
démembra la Prusse;

Les traités de 1815 qui remanièrent, au gré de trois ou
quatre potentats, la carte d'Europe;

Le traité qui sépara par la force le Schleswig-Holstein du
Danemark et le rattacha par la force à l'Allemagne (Traité de
Vienne, 30 octobre 1864);

Le traité qui sépara par la force l'Alsace et la Lorraine de la
France et les rattacha par la force à l'Allemagne (Traité de
Francfort, 10 mai 1871).

Tant que tous ces traités ne seront pas abrogés, réparés, il y
aura, dans le droit international, des choses scélérates qui demeu-
reront au pilori de l'histoire.

conquête soumet, en principe, le territoire conquis, au même gouvernement, aux mêmes lois, aux mêmes institutions que celles de l'État conquérant. Néanmoins, on reconnaît à ce dernier le droit de placer sa conquête sous un régime à part, fût-ce le régime militaire, et pour le temps qu'il voudra.

On décide, du reste, que les habitants doivent recevoir, comme il a été indiqué plus haut, le droit d'*opter* entre la nationalité nouvelle que leur conférerait l'État conqnérant et celle qu'ils avaient avant la guerre. A cet effet, il doit leur être assigné un délai dans lequel ils ont à déclarer leur volonté et à transférer leur domicile en dehors du territoire conquis. Ceux des habitants qui n'ont point opté, dans les délais prescrits, sont réputés donner un consentement tacite au nouvel ordre de choses.

Pour ce qui concerne le territoire conquis proprement dit, il y a à distinguer entre ce qui formait la propriété du domaine public de l'État cédant et ce qui est soumis à la propriété privée : la propriété du domaine public est transférée au cessionnaire; quant à la propriété privée, on enseigne qu'elle demeure incommutable entre les mains des propriétaires et que les charges hypothécaires et toutes les autres charges réelles doivent être respectées par l'État cessionnaire.

Il va, au surplus, de soi qu'outre les immeubles, l'Etat cessionnaire acquiert aussi les meubles qui appartenaient à l'Etat cédant.

Enfin l'Etat cessionnaire doit prendre à sa charge, dans une mesure équitable, une partie de la dette publique de l'État cédant.

Mais, vis-à-vis les États étrangers, quel effet a la conquête ?

On répond que le traité de cession ne leur est pas opposable et que la conquête n'est, pour eux, qu'un fait, tant qu'ils n'en ont pas opéré la reconnaissance (1).

Passons maintenant à d'autres clauses susceptibles aussi de porter atteinte au droit des peuples sur eux-mêmes, en rappelant que nous avons déjà parlé précédemment de celle qui maintiendrait l'occupation militaire, après la paix, comme garantie de l'exécution des obligations contractées par le vaincu.

Clauses par lesquelles le vainqueur imposerait au vaincu la limitation de ses moyens de défense.

Toutes ces clauses sont atteintes de la même nullité irrémédiable, car toutes, bien qu'à un degré moindre que la conquête, portent une atteinte essentielle au droit d'un peuple de s'appartenir.

Tel est notamment le cas où le vainqueur entendrait fixer à un certain effectif les troupes que le vaincu aura le droit d'entretenir; tel serait également le cas où le vainqueur exigerait du vaincu que

____

(1) Rien de plus embarrassé, de plus confus, de plus incohérent, de plus contradictoire que ce que les auteurs présentent comme une théorie de la conquête. Il n'y a pas, il ne saurait y avoir de théorie de la conquête, parce qu'il ne saurait y avoir de théorie de l'arbitraire et de la force.

Qu'on s'en convainque en rapprochant, par exemple, les différents articles qui, dans Bluntschli, concernent le *droit de conquête*, car cet auteur qui s'est tant appliqué à voiler, sous une phraséologie humanitaire, sa justification constante de la force et du succès, admet, bien entendu, la conquête.

celui-ci s'engage à raser ses forteresses ou à n'en pas construire de nouvelles.

Des clauses d'une telle sorte, en effet, risqueraient de mettre pour l'avenir le vaincu à la merci de son vainqueur ou même encore d'autres États, et il est évident que, tant que la guerre se présentera comme un péril permanent pour les nations, chacune aura le droit de demeurer juge pour elle-même des moyens de se sauvegarder et d'assurer sa légitime défense.

CHAPITRE XII

COUTUMES PARTICULIÈRES A LA GUERRE MARITIME

Nous avons vu que si, quand il s'agit de la guerre continentale, le respect de la propriété privée subit, dans les pratiques de la guerre et même d'après la théorie des auteurs, plus d'une restriction, au moins est-il proclamé comme règle, et cela est, en effet, conséquent avec le principe que la guerre ne se fait que d'État à État; mais, en matière de guerre maritime, le point de vue change; ce que l'on considérait comme inique, bien plus comme abominable sur terre, devient sur mer légitime et peut devenir glorieux : selon les coutumes de la guerre maritime, il est permis de prendre et même de détruire la propriété privée (1).

(1) Parmi les auteurs de ce siècle qui ont prétendu justifier de telles coutumes, il en est deux, Kent et Wheaton, qui affirment nettement que le but de la guerre maritime est la des-

Parlons d'abord de la capture des navires, dénommée, en langage technique, *droit de prises mari-*

truction du commerce et de la navigation de l'ennemi ; aussi ces auteurs n'hésitent-ils point d'admettre l'emploi de tous les moyens propres à conduire à ce but, et en particulier la confiscation de la propriété privée.

C'est l'idée pure des peuples sauvages ; mais les peuples sauvages généralisent leur idée, ils l'appliquent sur terre comme sur mer, et les peuples sauvages raisonnent mieux que Kent et Wheaton.

D'autres écrivains ont, de nos jours mêmes, érigé sans vergogne le fait en droit et proclament, à chaque instant, que la guerre n'a pour but que d'établir le *droit du plus fort*; ils expliquent que la guerre maritime n'aboutirait qu'à *des destructions inutiles*, qu'elle ne démontrerait pas — suffisamment sans doute — lequel des belligérants est le plus fort, et a, par conséquent, pour lui le droit, si l'on se contentait, dans la guerre maritime, de ruiner les places fortes de la côte et les places de guerre; et de là, à leur tour, ces auteurs font découler la nécessité d'atteindre dans leurs sources le travail et la richesse de la nation et les revenus de l'État, en s'emparant sur mer de la propriété privée ou même en la détruisant. (Voir MM. Funck-Brentano et Albert Sorel, pp. 402 et 403).

Pour être présentée sous une apparence plus raffinée, et aussi en termes plus diffus, cette théorie n'est que celle de Kent et de Wheaton.

D'autres auteurs ont invoqué, au point de vue de l'utilité, des arguments plus sérieux, plus topiques, mais sans obtenir un succès meilleur. (Voir notamment Hautefeuille, tit. 7, chap. 2, et la réfutation péremptoire qu'en a faite le professeur Émile de Laveleye, *Revue de droit international*, 1875, t. VII.)

Quant à la doctrine, seule admissible, seule conforme à l'utilité bien entendue comme au Droit, et qui est l'*inviolabilité des personnes et de la propriété privée*, en toutes guerres maritimes ou continentales, ce n'est qu'au dernier siècle, qu'elle a commencé à se produire (*), et c'est en vain qu'elle a pour elle la raison la plus évidente, en vain, qu'à maintes reprises, les États-Unis en ont réclamé la reconnaissance et la consécration par les grandes puissances européennes, en vain qu'une assemblée nombreuse de négociants, réunie le 2 décembre 1859 à Brême, a formulé en sa faveur une remarquable et mémorable protestation, elle reste, quand même, un *desideratum* de la pratique des nations dans la guerre maritime.

(*) Elle eut pour premiers patrons, en France, Mably, et, en Amérique, Franklin.

times; nous dirons ensuite quelques mots des bombardements maritimes.

Capture des navires ou droit de prises maritimes.

Étendue de ce Droit. — En fait, la capture des navires correspond exactement, dans la guerre maritime, à ce que, dans la guerre continentale on appelle le butin, et de même que le droit international interdit, en règle générale, de faire du butin aux dépens des particuliers dans les guerres terrestres, de même évidemment devrait-il l'interdire dans les guerres maritimes.

Il n'en est cependant pas ainsi, et, de nos jours encore, d'après la coutume générale, la marine de guerre est autorisée à capturer, tant en pleine mer que dans les eaux des États belligérants, non seulement les navires de guerre de l'ennemi, mais même les navires qui sont la propriété des ressortissants de l'État ennemi, ainsi que les marchandises dites ennemies trouvées à bord de ces navires (1).

Et ce droit de capture va plus loin : il s'applique, en outre, aux équipages qui peuvent être faits prisonniers.

Bien plus, si le capteur se trouve dans l'impossibilité d'*amariner* (2) le navire capturé ou de l'emmener, il est autorisé soit à exiger une rançon et à garder en otages plusieurs des officiers ou des matelots du navire, soit même à couler le navire à fond (3).

(1) Voir notamment Bluntschli, articles 664 et 665.
(2) C'est-à-dire de placer à bord un officier et des matelots empruntés à son propre équipage.
(3) Le philanthrope et larmoyant Bluntschli présente la chose

On voit que c'est la force, sans déguisement, qui règne encore dans cette matière.

Jouissent, d'ailleurs, du privilège d'*exemption de capture* :

Les bateaux destinés à la pêche *côtière* et appartenant à des citoyens de l'État ennemi, sauf pourtant le cas où ils seraient employés dans un but militaire;

Les navires affectés à des missions scientifiques;

Les navires qui, par suite de naufrages ou dans l'ignorance de la déclaration de guerre, relâchent sur les côtes et dans les ports ennemis (1).

Par une exception inverse, on déclare de bonne prise même les navires neutres, lorsqu'ils ont à bord des pièces irrégulières (2) ou, d'une manière générale, lorsqu'ils manquent aux lois de la neutralité (3).

avec ce ménagement (article 672) : « on ne sera justifiable, dit-il d'avoir anéanti le navire capturé qu'en cas de *nécessité absolue*.

La *nécessité absolue* d'assassiner en masse tout un équipage!

(1) Il devient d'usage d'accorder aux navires stationnés sur les côtes ou dans les ports un délai pour se mettre en sûreté. Ce délai a reçu le nom d'*indult*.

(2) Les principales pièces de bord sont le passeport ou congé, l'acte de propriété du navire, le rôle d'équipage, le journal de mer, la patente de santé, le contrat d'affrètement et d'assurance, le manifeste de la cargaison, les connaissements, les factures, les déclarations de douanes, et les certificats d'origine ou les visas consulaires (Sur tous ces points, voir dans notre bibliothèque : (LE DROIT COMMERCIAL MARITIME).

Sont, d'ailleurs, susceptibles de saisie les navires aussi bien neutres qu'ennemis, lorsqu'ils peuvent être justement soupçonnés, par exemple, lorsqu'ils ont des papiers doubles ou lorsqu'ils n'ont pas de papiers, ou lorsqu'ils ne mettent pas en panne ou ne s'arrêtent pas après en avoir reçu l'invitation, etc.

Dans le cas de saisie d'un navire soupçonné, les motifs de soupçon doivent être exactement spécifiés.

(3) Ainsi, lorsqu'ils forcent un *blocus effectif* (voir plus bas, p. 158), lorsqu'ils pratiquent la *contrebande de guerre* (voir aussi

Notons enfin que l'application du droit de prises maritimes se trouve aujourd'hui restreinte, pour les États européens, par le traité de Paris du 16 avril 1856, qui a aboli la *course*.

Course, lettres de marque et corsaires. — Sous le nom de course, on a désigné une guerre faite, avec leurs propres navires et pour leur propre compte, par des particuliers ayant reçu d'un État belligérant l'autorisation de courir sus aux navires ennemis (1).

Il est évident qu'étant admis le droit de prendre, et même de détruire, les navires de commerce ennemis, la course ne peut qu'accroître les dommages causés au commerce et sûrement aussi le nombre des abus de la force que la guerre entraîne avec elle; mais ce n'est pas la course qu'au point de vue du droit, il serait nécessaire de proscrire universellement, c'est la capture de tous les navires de commerce, de tous

plus bas, p. 153) en opérant un transport de troupes, de vivres, de munitions, d'armes, etc., pour le compte de l'ennemi.

(1) On appelle cette autorisation *lettres de marque*, et l'on nomme *corsaire* à la fois le particulier autorisé à faire la course et le navire destiné à la course.

Le corsaire, d'après le droit international, est tenu :

1º De justifier de sa nationalité, toutes les fois qu'il en est requis;

2º De se soumettre à la juridiction des tribunaux de prises (voir plus bas p. 135) du pays sous les couleurs duquel il combat.

Il est à remarquer que l'abolition de la course n'est pas universelle, car les États-Unis ont refusé d'adhérer à la déclaration du 16 avril 1856, estimant qu'on ne devait pas séparer cette question de la consécration de l'inviolabilité des navires de commerce et de la propriété privée.

Quant à nous, ce dernier point seul nous touche, et il nous paraît parfaitement légitime que, tant que la guerre existera, il y ait des corsaires pour courir sus à la marine de guerre ennemie, de même que, sur terre, il y a des corps francs pour attaquer les troupes ennemies.

les navires appartenant à des particuliers, et ce qu'il faut, à plus forte raison, condamner, c'est l'acte infâme de les couler à fond, hommes et choses.

Principales règles des prises maritimes. — Les prises maritimes donnent lieu à une foule de difficultés (1); nous nous contenterons d'essayer de dégager les règles les plus importantes, les plus pratiquées, aussi le plus généralement reçues.

La première est que le navire capturé doit être conduit dans un des ports de l'État vainqueur ou, si la chose est impossible, dans un port neutre (2).

Une seconde règle est que les prises maritimes appartiennent à l'État et non à l'équipage vainqueur; d'où il résulte que l'État a le droit d'en disposer comme il le juge convenable, de s'approprier la prise, de l'attribuer en tout ou en partie à celui qui l'a opérée et aussi de restituer le navire à ses anciens propriétaires (3).

(1) La cause en est surtout que le plus grand nombre des captures, comme nous l'avons déjà dit, appartiennent aux neutres.

(2) La prise n'a, d'ailleurs, qu'un caractère précaire, tant que sa validité n'a pas été soumise à l'appréciation d'un tribunal spécial, dit : *Tribunal* ou *Conseil des prises* ou encore *Cour d'amirauté.*

Pour que ce tribunal soit mis à même de décider en pleine connaissance de cause et pour que le capteur sauvegarde sa responsabilité vis-à-vis tant de son propre gouvernement que des propriétaires et des chargeurs du navire saisi, il est tenu :

1° De rédiger un procès-verbal détaillé des circonstances et des motifs de la prise;

2° De dresser un inventaire sommaire de tous les objets dont il s'est emparé;

3° De faire fermer et sceller les écoutilles.

Il est de règle que le capitaine du bâtiment capturé assiste à l'opération et revête de sa signature les pièces qui en constatent l'accomplissement, ainsi que le procès-verbal, dit *procès-verbal de capture.*

(3) Il peut être, assure-t-on, d'une bonne politique de prendre

Une troisième règle est que la compétence, en matière de prises appartient au tribunal du capteur (1).

Une quatrième règle est que les conseils des prises doivent statuer à la fois d'après les principes du droit international et d'après les lois ou ordonnances de l'État dont ils dépendent, en tant du moins que ces lois et ordonnances sont en harmonie avec les prescriptions du droit international (2).

ce dernier parti; il serait d'une politique bien meilleure encore de n'opérer aucune prise sur les navires appartenant à des particuliers!

(1) On admet toutefois deux exceptions : la première pour le cas où la capture a été faite dans les limites d'un territoire neutre; la seconde, pour le cas où elle a été opérée par des bâtiments de guerre armés en pays neutre. Dans l'une et l'autre hypothèse, la compétence est attribuée aux tribunaux de l'État neutre.

Mais quel sera le tribunal compétent lorsqu'il s'agira de navires neutres capturés en pleine mer pour avoir contrevenu aux lois de la neutralité? Cette question a été une des plus controversées de la matière; les auteurs sont aujourd'hui, en général, d'avis d'étendre même aux navires neutres la règle de la compétence du tribunal du capteur.

Cependant, si le navire neutre est conduit dans les eaux de l'État dont il porte le pavillon, il semble bien qu'il y ait lieu d'attribuer compétence au tribunal des prises de cet État.

C'est, du reste, il faut en convenir, un tribunal présentant de médiocres garanties d'impartialité que celui du capteur.

(2) Mais qu'arrivera-t-il, en fait, si ces lois et ordonnances ne sont pas en harmonie avec les prescriptions du droit international? Ce qui arrivera en fait, c'est que les tribunaux des prises n'hésiteront jamais à violer le droit international plutôt que les lois de leur pays.

» Mais, disent les auteurs, l'État qui met ses propres lois en contradiction avec celles du droit international, doit être déclaré responsable vis à vis des États neutres dont les ressortissants ont été lésés et ceux-ci ont le droit d'exiger que, malgré la décision du tribunal des prises, le navire neutre et sa cargaison soient restitués. »

Ce que les auteurs ne nous disent pas, c'est le moyen à employer pour obtenir cette restitution.

La barbarie règne encore dans le droit des nations et l'anarchie y règne encore! Les deux choses s'enchaînent.

Une cinquième règle est que c'est aux lois de chaque pays, non au droit international, qu'il appartient de déterminer la procédure à suivre devant les tribunaux ou conseils de prises (1).

Une sixième règle est que, si la prise est déclarée irrégulière, le navire et sa cargaison doivent être immédiatement restitués à leurs propriétaires (2).

Une septième règle est que tout capteur est responsable des prises qu'il fait et des préjudices que ses actes ont occasionnés à des tiers. Toutefois, même lorsque la prise n'a pas été confirmée par le jugement, il se peut qu'on refuse tous dommages-intérêts au propriétaire et qu'on mette à sa charge les frais de la procédure, si le comportement du navire avait rendu suspect ce navire.

Reprise ou recapture ; Droit de rescousse ou de recousse. — Remarquons qu si, avant la condamnation, le navire capturé tombe au pouvoir d'un navire de sa propre nation, il n'y a pas, dans ce cas, *prise nouvelle*, le navire capturé n'étant pas encore devenu la propriété de l'ennemi, il y a *reprise* (recapture), annulation de la prise antérieure, par conséquent lieu à l'application du *droit de postliminie,*

(1) La base de la procédure, généralement adoptée, consiste dans une instruction sommaire, qui est confiée à l'autorité judiciaire ou administrative du port où la prise a été conduite, et dont les résultats sont ensuite adressés sous forme de rapport au tribunal appelé à statuer sur la prise.

Aussitôt qu'il est muni du dossier résumant cette instruction et des pièces ou des mémoires que les capturés peuvent, de leur côté, faire dresser pour la défense de leurs droits, le tribunal procède au jugement touchant la validité de la capture.

(2) Bien entendu, sauf le cas où il y aurait recours à une juridiction supérieure.

selon le langage reçu, et le navire doit, avec sa cargaison, être restitué à son propriétaire. Quant au capteur, on lui alloue une récompense, dite : *Droit de rescousse* ou *de recousse*, et qui, d'après la loi américaine et la loi anglaise, est de 1/8 de la valeur de la reprise (1).

Navires capturés dont le procès est pendant au moment du rétablissement de la paix. — Il est clair que le droit de faire des prises cesse avec le rétablissement de la paix, mais que décider au sujet des navires capturés dont le procès est pendant devant les conseils des prises ? D'ordinaire, le traité de paix stipulera qu'ils devront être remis en liberté ; sinon, l'usage est que les procès soient continués et jugés, — et c'est là une nouvelle atteinte à la logique comme au droit, car les conseils des prises ne sont, en principe, que des conseils de guerre, et il serait conforme à la logique comme au droit que leur juridiction prît fin avec la guerre.

On peut, en somme, juger, à ces quelques traits, des anomalies et des complications que présente toute cette théorie d'injustice.

Bombardements maritimes.

Contrairement à la règle admise pour la guerre continentale, la coutume autorise, dans la guerre maritime, le bombardement des villes ouvertes, même

(1) Certains auteurs et certaines législations veulent que, pour qu'il y ait reprise et non prise nouvelle, il ne se soit pas écoulé plus de 24 heures depuis la prise, ou que le navire soit repris avant d'avoir été conduit en lieu de sûreté.

lorsqu'elles n'opposent aucune résistance, et pareillement, dans les villes fortifiées, le bombardement des
parties habitées par la population civile aussi bien
que celles où les troupes ennemies sont retran-
chées !

Par quels autres traits plus accusés pourrait être
caractérisée la barbarie de la guerre maritime !

Nota. *Fiction du droit de postliminie.* — Le mot de
postliminie vient de l'expression romaine *postliminium;* mais, en droit romain, l'utilité de la fiction
du postliminium se justifiait par ce fait qu'elle resti-
tuait rétroactivement, non pas seulement l'exercice
mais la jouissance des droits, c'est-à-dire les droits
eux-mêmes, car les Romains professaient, d'une
part, que la personne, la chose tombée au pouvoir de l'ennemi se trouvait, par suite de sa captivité ou de sa capture, rejetée du domaine du
droit, et, d'autre part, que si la personne recouvrait
sa liberté, ou que si la chose était reprise, le temps
de la captivité ou de la capture était effacé et le droit,
tel que le concevait Rome, avait continué de s'appliquer sans interruption.

Dans le droit international moderne, au contraire,
ce n'est pas aux droits eux-mêmes, c'est à l'exercice
des droits, comme nous l'avons dit, que se rapporte
le droit de postliminie, et il en résulte que la fiction
de postliminie est, aujourd'hui, absolument inutile
pour expliquer les effets qu'on y rattache, car cette
théorie se résume à dire que lorsque des territoires,
des populations, des personnes ou des choses sont
tombées au pouvoir de l'ennemi, la prise de possession, par l'ennemi, de ces territoires, de ces popula-

tions, de ces personnes, de ces choses ne détruit pas, pour le fond, le droit qui les régit, qu'elle en suspend simplement l'exercice, et qu'aussitôt que, soit pendant la guerre, soit par la conclusion de la paix, elle vient à cesser, le droit antérieur, sauf toute exception commandée par les traités ou par les lois et toute modification résultant des faits, rentre en exercice, redevient le plein droit qu'il était.

Ainsi, lorsque l'ennemi, après avoir occupé en tout ou en partie le territoire de son adversaire, l'abandonne soit librement, soit parce qu'il y est contraint par des forces supérieures, on dit que le droit de postliminie s'applique, ce qui signifie simplement que l'État dont le territoire occupé faisait partie reprend l'exercice de ses droits sur ce territoire.

De même, les prisonniers de guerre, aussitôt qu'ils sont libres, recouvrent l'entier exercice de leurs droits.

De même aussi, lorsque l'ennemi a dépossédé, dans un but militaire, des particuliers de leurs champs ou de leurs maisons, de leurs immeubles, et qu'il se retire ou qu'il vient à être dépossédé, les propriétaires recouvrent l'exercice de leurs droits sur les immeubles qui leur avaient été ravis.

De même encore en est-il, pour les meubles enlevés par l'ennemi et que les propriétaires parviennent à reprendre (1).

Toutefois, comme il a été dit plus haut, il est

____

(1) Les auteurs qui admettent la légitimité du butin de guerre enseignent qu'il faut faire une exception pour les choses mobilières devenues, à titre de butin, propriété ennemie.

toujours possible que les traités ou les lois fassent subir des restrictions à cette théorie.

Ainsi, pour les immeubles, on peut supposer que le traité de paix refuse aux propriétaires le droit de les reprendre, lorsque l'ennemi les a aliénés et, quant aux meubles, on sait que la loi française en admet, dans des conditions déterminées (article 2270 du Code civil), la prescription instantanée au profit des tiers acquéreurs de bonne foi (1).

On voit, en somme, combien peu est utile l'idée d'une fiction ou d'un droit spécial pour expliquer ce que nous venons de dire.

(1) Nous avons exposé plus haut, p. 136, les règles concernant la reprise des navires capturés par l'ennemi.

APPENDICE

LA NEUTRALITÉ

La neutralité consiste pour un État à s'abstenir de toute participation, soit directe, soit indirecte à la guerre engagée entre d'autres États.

Nous présenterons le résumé de cette matière sous les rubriques suivantes :

1° Aperçu historique;
2° Principales sortes de neutralités;
3° Devoirs des neutres;
4° Droits des neutres.

CHAPITRE PREMIER

APERÇU HISTORIQUE

C'est au recueil, connu sous le nom de *Consulat de la mer*, que l'on rapporte la première origine d'un droit de la neutralité (1).

Le *Consulat de la mer* avait consacré en effet :

1° Le respect absolu de la marchandise de l'*ami* trouvée à bord d'un navire ennemi;

2° Le respect absolu de la propriété du navire *ami*, même chargé de marchandise ennemie.

Mais, d'une part, dans le second cas, le Consulat de la mer admettait la confiscation de la marchandise ennemie, sous réserve de l'obligation pour le capteur de payer au patron du navire *ami* le frêt des marchandises confisquées, comme s'il avait transporté la car-

(1) La rédaction du *Consulat de la mer* se place entre le XIVᵉ et le XVᵉ siècle. Voir : LES OBLIGATIONS DES COMMERÇANTS p. 12, note 2.

gaison du lieu de sa destination (1) ; et, d'autre part, le Consulat reconnaissait aux belligérants le droit de visiter les navires *amis* pour s'assurer qu'ils ne transportaient point des marchandises ennemies.

On conçoit de quels actes arbitraires était grosse cette seconde restriction, dans un temps où l'on cherchait tous les moyens possible d'entraver, en cas de guerre maritime, le commerce des neutres.

Toutefois, la France réagit, même contre le libéralisme relatif du Consulat de la mer, et, par les ordonnances de 1538, 1543 et de 1584, elle posa, en principe, que lorsque le navire neutre était chargé de marchandise ennemie, les belligérants auraient le droit de confisquer à la fois les marchandises ennemies et le navire neutre affecté à leur transport.

Un édit de Henri III (1584) alla plus loin encore, et disposa que les belligérants auraient le droit de confisquer aussi la marchandise neutre à bord d'un navire *ami*.

Cent ans plus tard, Louis XIV, dans sa célèbre ordonnance de 1681, reproduit de nouveau, cette règle et le principe que *marchandise de l'ennemi confisque celle de l'ami* est solennellement proclamé.

Nous n'insisterons pas sur les vicissitudes par lesquelles continua de passer le droit de la neutralité durant presque tout le cours du xviii° siècle ; nous nous contenterons de dire que grâce, aux violences et à la cupidité des nations maritimes, et, en particulier, de l'Angleterre, le droit des neutres, rempli d'incertitudes, n'était plus qu'une sauvegarde illusoire, et par là même dangereuse, lorsque fut publiée, le 28 février 1780, la déclaration de l'impératrice Catherine II.

Cette déclaration contenait les cinq bases suivantes :

1° Dorénavant, il serait permis aux navires de naviguer de port en port et le long des côtes appartenant aux États belligérants, sans être détenus ;

_____

(1) Le *frêt* ou *nolis* est le prix du loyer d'un navire.

2° Les marchandises ennemies seraient libres sous pavillon neutre, à l'exception de la contrebande de guerre;

3° Pour déterminer ce qui devrait être considéré comme contrebande de guerre, le gouvernement russe déclarait s'en tenir aux articles 10 et 11 de son traité avec l'Angleterre, en date du 20 juin 1766, et leur attribuait force obligatoire à l'égard de tous les belligérants;

4° Un port ne devait pas être considéré comme bloqué tant qu'il n'y aurait point de danger réel et effectif à son entrée, c'est-à-dire tant qu'il ne serait point cerné par l'ennemi;

5° Ces principes étaient destinés à servir de règle dans les procédures et les jugements des tribunaux de prises maritimes.

Cette déclaration fut bientôt adoptée par toutes les puissances européennes, l'Angleterre exceptée, et elle le fut même par les États-Unis d'Amérique; mais les guerres de la Révolution et celles du premier Empire firent reparaître les dépradations séculaires dont était victime le commerce des neutres, et vinrent replonger le droit de la neutralité dans le chaos dont avait à peine réussi un instant à le faire sortir l'initiative de Catherine II.

C'est à notre temps et au traité de Paris du 16 avril 1856 qu'il faut ensuite arriver pour retrouver, dans le droit des neutres, quelques points fixes et, en général, acceptés, du moins par les nations européennes: nous verrons tout à l'heure quels sont ces points.

CHAPITRE II

PRINCIPALES SORTES DE NEUTRALITÉS

On peut distinguer :

La neutralité résultant de la volonté d'un État de ne pas prendre part à la guerre et son abstention conforme. C'est celle que les auteurs appellent *naturelle* ou *parfaite*.

La neutralisation *convenue* entre les belligérants ;
La neutralité *perpétuelle*.

Examinons rapidement chacune de ces sortes de neutralité.

Neutralité dite naturelle ou parfaite.

Pour que le bénéfice de cette neutralité soit acquis à un État, il n'est pas nécessaire que cet État déclare formellement son intention de demeurer neutre, car tous les États dont les actes n'impliquent pas une participation à la guerre, sont placés sous une présomption toute raisonnable, tout équitable de neutralité.

Néanmoins aujourd'hui, en Europe, les États qui entendent rester neutres, le font habituellement connaître par une déclaration (1).

Il se peut, d'ailleurs, que la déclaration de neutralité ne soit que conditionnelle, c'est-à-dire qu'un État déclare qu'il ne restera neutre que sous des conditions déterminées, et, par exemple, qu'autant qu'un autre État demeurera également neutre.

Il se peut aussi que la neutralité soit *armée*. Ce cas se présente lorsqu'un État neutre, redoutant une violation de son territoire, prend les armes pour faire respecter sa frontière et sa neutralité.

Il est de règle que le fait, de la part d'un État neutre, d'adopter l'attitude de la neutralité armée n'enlève point à cet État le bénéfice de la neutralité.

Enfin l'on dit qu'il y a neutralité *imparfaite*, soit lorsque les deux belligérants ont reçu un droit égal de poursuivre, sur le territoire neutre, les opérations de

(1) Cette déclaration a une utilité d'autant plus grande que les devoirs et les droits des neutres sont, pour le détail, fort peu définis ; or, il est aussi dans les usages qu'un État qui fait une déclaration de neutralité indique la manière dont il entend pratiquer ses devoirs et ses droits.

la guerre ou certaines opérations telles que le passage de troupes, l'achat de provisions militaires (cette neutralité porte aussi le nom d'*impartiale*), soit lorsque l'État neutre, exécutant un traité antérieur, prête assistance à l'un des belligérants, par exemple, lui fournit un contingent de troupes.

Mais il est clair que, dans ce dernier cas, l'État en question aura beau se prétendre neutre, il sera le plus souvent traité par l'autre belligérant comme un allié de son ennemi.

Neutralisation convenue entre les belligérants.

Cette neutralisation, dépendant de la volonté des belligérants, peut affecter le territoire des belligérants ou d'autres États, les institutions, les personnes et toutes les choses, en général, qu'il plaît aux belligérants.

Ainsi, dans le but de localiser la guerre, les belligérants sont parfois convenus de ne se faire la guerre que dans certaines contrées, par exemple, en Europe, et non dans les colonies.

De même, et quoique le droit suffise à le leur imposer, sans aucune convention, ils peuvent s'engager réciproquement à respecter la neutralité d'un État qui entend, d'ailleurs, lui-même rester étranger à la guerre (1).

Quant à la neutralisation des institutions, des personnes et des choses autres que le territoire, nous savons qu'on l'applique notamment aux ambulances, aux personnes chargées de porter secours aux blessés, au matériel des ambulances.

(1) Ce n'est que dans le droit international que l'on peut rencontrer le cas inimaginable de deux adversaires convenant entre eux de ne pas attaquer un tiers inoffensif; mais les belligérants forts se gênent si peu avec les neutres faibles!

Neutralité perpétuelle.

Par des traités de différentes dates, les États européens ont garanti, en ce siècle, à certains d'entre eux une neutralité permanente, dite : *Neutralité perpétuelle*.

Les États ayant en droit, sinon en fait, l'heureuse fortune d'être placés sous la protection de ces traités sont :

La Suisse (traité de Vienne, articles 84 et 85, et déclaration spéciale des puissances en date du 20 novembre 1815);

La Belgique (traités du 15 novembre 1831, du 19 avril 1839, et des 9, 11 août 1870);

Le Grand duché de Luxembourg (traité du 11 mai 1867);

Les îles Ioniennes (traités du 14 novembre 1863 et du 29 mars 1864).

La sanction de droit de ces traités serait, est-il besoin de le dire? que lorsque la neutralité d'un des États que nous venons d'indiquer serait violée ou simplement menacée, chacun des États garants se crût obligé de la défendre (1).

CHAPITRE III

DEVOIRS DES NEUTRES

C'est la nature même de la neutralité que d'impliquer, pour l'État qui veut rester neutre, le devoir général de

(1) On a vu, en fait, ce que vaut cette sanction lorsqu'en 1846 l'Autriche, d'accord avec la Prusse et la Russie, supprima la République de Cracovie et sa *neutralité perpétuelle*, garantie par les traités fameux de 1815. La France et l'Angleterre rédigèrent une protestation dont les trois violateurs du droit ne tinrent aucun compte et qui alla s'enfouir dans les archives des chancelleries.

Au temps actuel, la seule garantie des neutres est, hélas! d'être en état de se défendre eux-mêmes.

s'abstenir de tout acte ayant le caractère d'un appui prêté à l'un des belligérants.

Mais que faut-il entendre par là dans l'application?

Il est d'abord évident que l'État neutre ne doit ni envoyer des troupes à l'un des belligérants, ni mettre à la disposition de celui-ci des vaisseaux de guerre.

De même ne doit-il pas tolérer la formation, sur son territoire, de corps francs ou de volontaires, destinés à venir en aide à l'un des belligérants.

De même aussi doit-il empêcher que l'un des belligérants ne lève des troupes sur son territoire, ne fasse construire ou n'arme des navires de guerre dans un de ses ports (1).

Mais si des citoyens d'un État neutre entrent, à titre individuel, sans autorisation de leur gouvernement, au service de l'un des belligérants, ces citoyens sans doute ne pourront plus prétendre au bénéfice de la neutralité, mais l'État dont ils ressortissent ne doit pas, pour ce fait, être déchu du même bénéfice.

Cette décision doit être également appliquée au cas où des corps francs ou de volontaires se seraient organisés sur le territoire d'un État neutre, à l'insu de cet État.

Pour ce qui est des fournitures aux belligérants de matériel de guerre, les devoirs des États neutres donnent lieu, surtout dans l'ordre pratique, à difficulté et à contestation.

Les auteurs s'accordent d'abord à déclarer que lorsqu'un État neutre fait directement ou indirectement, à titre onéreux ou à titre gratuit, cession à l'un des belligérants d'armes, de munitions, de chevaux, d'approvisionnements de toutes sortes appartenant à ses arsenaux, cet État viole les devoirs de la neutralité.

____

(1) On estime même que l'État neutre est tenu d'intervenir, quoique l'armement du *navire de guerre* (ce qui comprend les *corsaires*) ne soit que commencée, si d'ailleurs, l'intention d'armer le navire en guerre repose sur de suffisantes présomptions.

Mais un État neutre viole-t-il pareillement ses devoirs, lorsque de simples particuliers, à titre de spéculation privée, fournissent du matériel de guerre à l'un des belligérants?

La négative est admise, pourvu, dit-on, qu'il ne s'agisse pas d'expéditions en gros et que la convention privée ne serve pas de masque à l'État neutre pour envoyer un subside à l'un des belligérants.

Toutefois, ainsi que nous le verrons (p. 153), la marchandise courra le risque d'être confisquée par l'autre belligérant comme contrebande de guerre.

Que s'il s'agit d'expéditions en gros d'armes et de munitions de guerre, l'État neutre pourrait, selon les circonstances, être déclaré déchu du bénéfice de la neutralité.

C'est aussi un des devoirs de l'État neutre de ne point fournir de subsides pécuniaires à l'un des belligérants, et aussi, ajoute-t-on, de ne point permettre l'émission publique d'un emprunt de guerre par l'un des belligérants, à moins que la même autorisation ne soit aussi accordée à l'autre.

Quant aux particuliers, ils n'engagent pas la responsabilité de leur gouvernement en soutenant de leur fortune privée l'un des États en guerre.

Pour ce qui est des vivres, on admet que l'État neutre reste libre d'en fournir à chacun des belligérants et qu'il ne violerait ses devoirs de neutre que si la fourniture n'était pas accordée aux deux adversaires sans distinction.

Voyons maintenant les devoirs des neutres en ce qui concerne la sauvegarde de leur territoire.

Il est de principe que le passage sur le territoire neutre doit être refusé aux belligérants, même lorsque les voies régulières de communication entre les deux États belligérants traversent ce territoire. A plus forte raison, un État neutre ne doit-il pas permettre à un corps de troupes belligérantes d'établir, en deçà de sa frontière, ni une base d'attaque, ni aucun point de rassemblement.

Que si des détachements de troupes ou des soldats poursuivis par l'ennemi, se réfugient sur le territoire neutre, l'État neutre a le devoir de les désarmer et de les interner (1).

L'État neutre a même le devoir, enseigne-t-on, de pourvoir à tous les besoins de ces réfugiés (2).

A plus forte raison, l'État neutre a-t-il aussi le devoir d'accueillir et de soigner les blessés et les malades et peut-il en autoriser le transport par son territoire.

A l'égard des navires, il existe des règles analogues à celles que nous venons de poser pour les forces de terre des belligérants. C'est ainsi que l'État neutre a le devoir de défendre aux navires de guerre des belligérants d'entrer dans ses ports et de naviguer dans ses fleuves rivières ou canaux, à moins que ce ne soit dans un but manifestement pacifique; par exemple, pour faire de l'eau ou du charbon, pour prendre des vivres ou encore pour des réparations urgentes; toutefois, on est, en général, d'avis qu'il en peut tolérer le passage dans les eaux qui bordent ses côtes.

(1) Mais il doit les traiter en amis et non en prisonniers de guerre.

Nous retrouverons plus bas, sous le nom de *droit d'asile*, le droit correspondant à ce devoir des neutres.

L'État neutre doit, en règle générale, retenir jusqu'à la fin de la guerre les détachements et les soldats réfugiés; cependant les officiers peuvent être mis en liberté sur parole et renvoyés dans leur pays, si leurs lois militaires nationales les autorisent à accepter cette condition. Dans le cas où ils violeraient leur parole et reprendraient part à la guerre, on professe que si l'ennemi les fait prisonniers, il a le droit de les traiter comme s'ils avaient rompu le même engagement d'honneur envers lui (voir plus haut, p. 72, note 2).

(2) Quant aux prisonniers faits par l'ennemi qui viendraient à s'évader et à se réfugier eux aussi, sur le territoire neutre, ils ne doivent être ni arrêtés, ni internés; ils ont le plein droit d'user de leur liberté.

L'État neutre ne compromet pas non plus sa neutralité
en accueillant et en protégeant, dans ses ports, les
navires de guerre en détresse ; mais les navires et leurs
équipages doivent, en principe, être désarmés et les
troupes internées, ainsi qu'il a été dit plus haut pour
les troupes de terre.

Enfin l'État neutre est tenu de prendre, autant que
possible, les mesures nécessaires pour faire respecter
par tous sa neutralité.

Reste la question générale de la sanction.

Dans le cas où la violation de la neutralité est impu-
table à l'Etat neutre lui-même, le belligérant dont les
droits ont été lésés peut d'abord, comme nous l'avons
déjà marqué incidemment, déclarer qu'il s'affranchit
aussi lui-même pour l'avenir du respect de la neutralité de l'Etat. Il peut, d'ailleurs, se contenter d'exiger un
dédommagement ou de demander satisfaction.

Dans le cas où la violation de la neutralité ne tient
qu'à l'impuissance où s'est trouvé l'Etat de faire respecter sa condition de neutre, le droit peut céder dou-
blement au fait ; c'est ce qui arrivera, par exemple, si
l'un des belligérants ayant forcé le passage sur le territoire de l'Etat neutre, l'autre belligérant, à son tour,
pénètre sur ce territoire.

Ce serait, en pareil cas, aux autres nations de prendre
en mains la cause de l'Etat neutre. Les autres nations
se borneront à une protestation vaine.

CHAPITRE IV

DROITS DES NEUTRES

Les droits des neutres forment la contre-partie de
leurs devoirs, et nous n'avons pu exposer quels sont les
devoirs des neutres envers les belligérants sans toucher

aux devoirs des belligérants envers eux, c'est-à-dire aux droits des neutres vis-à-vis des belligérants.

Cependant, envisagée sous l'aspect de ses droits, la neutralité demande de nouveaux développements.

Comme droit fondamental des neutres, il faut poser *l'inviolabilité du territoire neutre* (1), et cette inviolabilité entraîne de graves et nombreuses conséquences.

Ainsi l'État neutre a le droit de s'opposer par les armes à ce que les belligérants franchissent sa frontière.

De même, il a le droit de désarmer et de faire prisonniers les corps de troupes qui envahissent son territoire (2).

De même, il a le droit de protéger contre toute attaque les troupes qui se réfugient sur son territoire; mais, en revanche, il a aussi le droit de mettre en liberté les prisonniers de guerre faits par ces troupes et de restituer aux anciens propriétaires le butin et les prises.

De même, quand un navire se réfugie dans ses eaux, il a le droit de s'opposer à ce que l'ennemi l'y poursuive.

De même enfin, si un navire est capturé dans ses eaux, il a le droit d'exiger la remise de la prise et de rendre la liberté au navire.

D'autres droits des neutres se rapportent à la personne et aux biens des ressortissants de l'État neutre.

Ainsi l'État neutre a le droit de délivrer des passeports

(1) On appelle *territoire* d'une nation tous les lieux sur lesquels le souverain exerce son autorité. Ainsi, non seulement le sol national et les possessions d'outre-mer de la nation, colonies, comptoir de commerce, etc., mais encore leurs dépendances, telles que la partie de la mer qui les baigne, les fleuve et les rivières, les lacs, les golfes, etc.

(2) Si ces troupes ont agi sans ordres, il aura le droit des poursuivre criminellement les coupables. Si elles ont agi sur l'ordre de leurs chefs, l'État neutre sera fondé à exiger un dédommagement ou à demander satisfaction.

Il sera rare, en droit du moins, que l'envahissement présente un cas de guerre (*casus belli*), car il sera rare qu'il donne lieu à l'application du principe de légitime défense.

et d'autres documents de même sorte que devront respecter les belligérants.

Ainsi encore, enseigne-t-on, que c'est un devoir particulier pour les belligérants de protéger, même sur le
théâtre de la guerre, les ressortissants des États neutres
et les propriétés neutres.

Liberté du commerce des neutres.

Le point du droit des neutres, qui demeure le plus
gros de complications théoriques et pratiques, concerne
la liberté du commerce.

On conçoit d'abord que la liberté de commercer, même
avec les belligérants, doive rester le principe pour les
neutres, car l'État neutre est sur le pied de paix vis-
à-vis de tous les États, y compris les belligérants.

Et de là ressortent deux conséquences incontestées de
nos jours :

La première, que la marchandise ennemie, naviguant
sous pavillon neutre, doit être, en règle générale, res-
pectée, ce que l'on exprime d'une autre manière par
ces deux formules si connues : *Navire libre, cargaison
libre*, et encore : *Le pavillon couvre la marchandise;*

La seconde, que la marchandise neutre, naviguant
sous pavillon ennemi, est de même, en règle générale,
insaisissable.

Double restriction à la liberté du commerce des neutres.

Les deux règles précédentes sont soumises à une restriction capitale, relativement à ce que l'on nomme la
contrebande de guerre.

Le cas des *sièges* et *blocus* apporte, en outre, une
restriction non moins grave à la liberté du commerce
des neutres.

Voyons successivement chacune de ces restrictions.

Contrebande de guerre.

Que ce soit un navire neutre qui transporte de la marchandise ennemie ou un navire ennemi qui transporte de la marchandise neutre, il est interdit à tous les navires, tant neutres qu'ennemis, de transporter de la *contrebande de guerre*, et chaque belligérant a toujours le droit de confisquer la marchandise, ainsi qualifiée, lorsqu'elle est destinée à l'autre belligérant.

Mais, que faut-il entendre par la contrebande de guerre (1)?

Pendant longtemps, les États ont été loin d'être d'accord sur ce point, les belligérants cherchant à étendre le sens du mot le plus possible, et les neutres, à le restreindre le plus possible; de nos jours, il existe une certaine tendance à l'entente.

D'ordinaire, d'ailleurs, au commencement des guerres, les belligérants et les neutres indiquent, chacun de leur côté, les marchandises qu'ils considèreront comme contrebande de guerre.

Quant aux auteurs, ils distinguent une contrebande *absolue* et une contrebande *relative*, dite aussi *accidentelle*.

La contrebande *absolue* est celle des objets qui ont trait exclusivement ou principalement à la guerre et sur la nomenclature desquels l'accord est plus ou moins fait.

La contrebande *relative* ou *accidentelle* comprend :

Les objets qui, tout en pouvant être employés pour la guerre, peuvent aussi servir aux besoins des particuliers (on conçoit que, pour ces objets-là, la question est toute de circonstances en fait, toute d'intention en droit; d'où nombre de difficultés pratiques et de différends.

(1) Le mot contrebande (de *contrà bannum*) est né au Moyen Age de la pratique des papes déclarant mettre au *ban* de la chrétienté ceux qui fournissaient des armes aux infidèles.

9.

Les objets déclarés contrebande de guerre par une convention spéciale.

Rentrent dans la contrebande *absolue* :

Les armes de guerre, canons, fusils, sabres, balles, boulets, poudre et autre matériel de guerre;

Le salpêtre et le soufre servant à la fabrication de la poudre;

Les embarcations de guerre;

Les dépêches relatives à la guerre et transportées dans l'intention de favoriser l'un des belligérants.

Rentrent, à l'inverse, dans la contrebande *relative* ou *accidentelle* :

Les vêtements et les matières premières destinées à l'habillement;

Les sommes d'argent;

Les chevaux;

Les navires de commerce, bois de construction pour les navires, toile à voile, chanvre, laine, goudron, fer, cuivre en feuilles, poix, résine, etc.

Les machines à vapeur;

Le charbon de terre, etc,

Dans le doute, on doit présumer que ces objets ne sont pas de la contrebande de guerre.

Nous sommes, d'ailleurs, d'avis, quant aux vivres et aux autres moyens de subsistance, qu'ils ne doivent pas être considérés contrebande de guerre.

Mais de nouvelles dissidences s'élèvent entre les auteurs et plus encore entre les cours de prises lorsqu'il s'agit de déterminer quelles seront la nature et l'étendue de la sanction, pour le cas où un navire neutre aura embarqué de la contrebande de guerre à destination du territoire ennemi.

Autrefois, la coutume, uniquement fondée sur la force, était de confisquer la totalité de la cargaison et aussi le navire lui-même.

De nos jours, la pratique des nations est diverse, et la doctrine des auteurs, confuse.

Ce qui nous paraît rationnel et équitable, c'est :

1° Qu'il n'y ait jamais de confisqué que la contrebande sans distinguer, ainsi que le font certains auteurs, si elle forme ou non la partie principale de la cargaison;

2° Que si le propriétaire de la marchandise ne peut être convaincu de mauvaise foi, c'est-à-dire du fait d'avoir eu l'intention de venir en aide à l'un des belligérants, on se borne à empêcher l'envoi d'arriver à destination, en le plaçant sous séquestre et en indemnisant le propriétaire (1).

Arrivons à la procédure admise par le droit international pour que les belligérants soient à même d'empêcher les neutres de transporter de la contrebande de guerre.

Cette procédure est connue sous le nom de *droit de visite*

Droit de visite. — Le droit de visite est la faculté qu'ont les États belligérants d'arrêter les navires neutres et de rechercher s'ils ne contiennent pas de la contrebande de guerre.

Ce droit ne peut être exercé que par des navires de guerre, ou par des corsaires, ou par des navires commissionnés par l'autorité de l'État auxquels ils appartiennent.

De plus, la visite n'est autorisée que sur le théâtre de la guerre, dans les eaux territoriales des belligérants et

(1) Certains auteurs, certains usages, certains traités admettent, pour ce cas, une confiscation, dite *droit de préemption*, au profit de l'Etat capteur, c'est-à-dire que l'Etat capteur est autorisé à s'approprier la marchandise, sauf à allouer au propriétaire une indemnité calculée d'après, dit-on, la valeur *réelle*, des objets augmentée d'une certaine plus-value à titre de bénéfice.

Nous ne voyons pas, quant à nous, sur quoi repose ce droit de préemption.

A l'égard du propriétaire du navire qui est de bonne foi et qui n'est pas le propriétaire de la marchandise, nous estimons que c'est affaire à l'Etat neutre de le réprimer, soit d'office, soit sur la demande du belligérant offensé.

dans la partie de la pleine mer que peuvent normalement traverser les navires à destination de l'État ennemi.

Elle n'est admise ni dans les eaux neutres, ni dans les mers lointaines.

Voici, d'après les usages, quelle est la manière d'exercer le droit de visite :

Pour manifester son intention de procéder à la visite, le belligérant doit hisser son pavillon et tirer un coup de canon à poudre, dit de *semonce*, ou bien se servir du porte-voix. Sur l'un ou l'autre signal, le navire neutre est tenu de s'arrêter. Dès que le neutre a obéi, le croiseur détache, sous le commandement d'un officier, un de ses canots armés pour procéder à la visite. Parfois, c'est l'inverse qui a lieu, et c'est le capitaine du navire visité qui se rend, avec ses papiers, à bord du croiseur d'où lui est venue la semonce.

La visite, proprement dite, consiste dans l'examen des papiers du bord ; ce n'est qu'en cas de soupçons graves, par exemple, si les papiers du bord sont ou paraissent être faux, si le navire avait arboré un autre pavillon que celui de l'État dont il dépend, qu'il est procédé à des *perquisitions* dans le navire.

Lorsqu'au lieu d'obéir, le navire neutre semoncé cherche à se dérober par la fuite, le belligérant est autorisé à tirer sur lui à boulets et, s'il en résulte des avaries pour le neutre, celui-ci n'est pas fondé à réclamer des dommages-intérêts, quoiqu'il ait prouvé ensuite sa nationalité et l'innocuité de son chargement. Du reste, dans le même cas, après avoir subi la visite, il doit être laissé libre de continuer sa route.

Mais si le navire neutre oppose la force à la force, il perd sa qualité de neutre et peut être capturé.

De son côté, l'État dont les navires sont chargés de procéder aux visites est, comme on le comprend, responsable envers l'État neutre des actes de force, non justifiés, qui seraient commis pendant la visite ou les perquisitions.

Au surplus, il existe un usage qui a pour but de faire éviter aux navires de commerce neutres l'application du droit de visite; cet usage consiste, de la part des États neutres, à organiser des *convois*.

Convois de navires. — On appelle de ce nom la réunion d'un nombre plus ou moins considérable de navires de commerce neutres voyageant sous l'escorte d'un ou de plusieurs navires de guerre neutres.

Lorsqu'il existe des navires de commerce neutres formant de la sorte un convoi, c'est l'opinion générale que, si ces navires sont rencontrés par des navires belligérants, ceux-ci doivent se contenter de vérifier les pouvoirs du navire chargé d'escorter le convoi et, tous cas de soupçons graves réservés, s'en rapporter à la parole du commandant, lorsque celui-ci atteste que les navires de commerce sont de sa nation et ne portent point de contrebande de guerre (1).

Sièges et blocus.

On appelle plus particulièrement *siège* l'ensemble des opérations que fait une armée dans le but d'attaquer une place et de la prendre à l'aide de travaux de terrassement combinés avec l'usage des armes; *blocus*, l'ensemble des opérations se limitant à entourer une place, un port, certaines parties des côtes ennemies, de façon à en intercepter, autant que possible, toutes les relations avec le dehors.

Les blocus s'appliquent, d'ordinaire, à la guerre maritime; mais, qu'il s'agisse d'une ville assiégée ou d'un port bloqué, il est interdit en principe, aux neutres d'entretenir des communications avec la ville assiégée ou le port bloqué.

La déclaration d'un siège ou d'un blocus étant un

______

(1) Toutefois, l'Angleterre n'a pas encore consenti à affranchir du droit de visite les navires convoyés.

acte d'une haute gravité, on admet qu'elle ne peut émaner que des gouvernements eux-mêmes ou de l'autorité qui a reçu le pouvoir exprès de faire une telle déclaration.

Blocus maritime. — Blocus effectif. — Notification du blocus. — Occupons-nous du blocus maritime qui présente des complications spéciales.

Jusqu'au milieu de ce siècle, les États prétendaient qu'il suffisait de proclamer le blocus d'un port ou d'une côte pour interdire aux neutres le commerce avec ce port ou cette côte. Depuis le traité de Paris du 16 avril 1856, on proclame qu'outre la condition de *notification* que nous examinerons ci-après, une autre est indispensable pour qu'un blocus existe en droit, à savoir qu'il soit *effectif*.

Mais qu'est ce qu'un blocus effectif?

Évidemment, le point de savoir si un blocus est effectif est avant tout de fait, et ce qu'il y a de plus exact à répondre à cet égard, en droit, c'est que le blocus d'un port, par exemple, est effectif, lorsque l'entrée et la sortie en sont interceptées soit par des navires de guerre stationnés devant le port, soit par des batteries dressées sur la côte, de manière qu'il soit *réellement* difficile d'entrer dans le port bloqué ou d'en sortir, ou, si l'on veut encore, de façon que l'on ne puisse, sans s'exposer à un danger grave, essayer d'en forcer les croisières.

Venons à la notification du blocus.

On distingue trois espèces de notifications :

La première est celle que le commandant des forces bloquantes est tenu de faire aux autorités des lieux qu'il est chargé de bloquer, afin de marquer le commencement du blocus et d'en déterminer l'étendue. L'omission de cette notification rendrait nulles les captures à la sortie du port.

La seconde, dite: Notification *générale* ou *diplomatique*, est celle que le gouvernement qui décrète un blocus fait par l'entremise diplomatique aux États neutres, afin que ceux-ci portent le blocus à la connaissance de leurs ressortissants.

La troisième enfin, dite *spéciale* ou mieux *personnelle*, est la notification que le commandant de la croisière doit faire à chaque navire neutre qui se trouve sur la ligne de blocus ou qui se dirige sur cette ligne.

Toutefois, certains conseils de prises ont décidé que le navire neutre est de bonne prise sans qu'il ait été préalablement averti, lorsqu'il était de mauvaise foi, c'est-à-dire lorsqu'il avait connaissance du blocus.

Conditions nécessaires pour que les navires neutres soient de bonne prise dans le cas de violation d'un blocus. — Ces conditions, suivant l'opinion générale, sont :

1° Que le navire ait eu connaissance, par la notification *spéciale* ou d'une autre manière, de l'existence effective du blocus;

2° Qu'il ait été capturé pendant qu'il tentait de forcer le blocus, ou, du moins, pendant qu'il se trouvait encore dans les eaux bloquées (1).

Pour le cas où la cargaison du navire appartient à un autre que le propriétaire du navire, on enseigne que cette cargaison doit être confisquée comme le navire lui-même, à moins que le propriétaire des marchandises n'établisse qu'il ignorait l'existence du blocus à l'époque où il a expédié ses marchandises ou que la violation du blocus a eu lieu contre sa volonté.

Quant à l'équipage du navire confisqué, aucune peine ne peut lui être infligée, et il ne peut même être fait prisonnier de guerre, car il n'a point prêté assistance à l'ennemi.

---

(1) Les tribunaux américains ont admis, lors de la guerre de Sécession, que le navire peut être capturé, tant que son voyage n'est pas terminé.

Lieux auxquels peut s'appliquer le blocus maritime. — D'après la plupart des auteurs, le droit de blocus peut s'appliquer non seulement aux places et aux ports fortifiés, mais encore aux villes et aux ports de commerce non fortifiés, et même, dit-on, à l'embouchure d'une rivière ou d'un détroit, pourvu que, en ce qui est de la rivière, son cours soit tout entier dans le pays ennemi.

Exceptions à la prohibition résultant pour les navires neutres du droit de blocus. — Il en existe de diverses sortes.

Ainsi, d'abord, il est admis que les navires, stationnés dans le port avant le blocus, ont le droit d'exiger qu'on les laisse sortir, à la condition qu'ils se rendent dans un port non bloqué, munis simplement du lest nécessaire ou du chargement embarqué antérieurement à la déclaration du blocus.

De plus, il arrive souvent que les belligérants permettent l'entrée et la sortie des ports bloqués aux navires de guerre neutres.

De même, il se peut qu'ils accordent spécialement cette faveur à des navires de commerce.

Enfin, il est admis que les navires neutres en détresse ont le droit de se réfugier dans les ports bloqués.

Cessation du blocus maritime. — A notre sens, l'éloignement des forces bloquantes, quelle qu'en soit la durée, suffit pour faire cesser le blocus; toutefois, il convient d'excepter le cas où les navires chargés du blocus ne seraient que momentanément dispersés par l'effet d'une tempête, par l'état de la mer et par d'autres accidents de navigation.

ÉPILOGUE

De tous côtés, à l'heure présente, sur le sol de notre continent, les armées s'équipent, les engins de destruction et de mort s'accumulent, et jamais la vieille Europe ne sembla près d'engager d'aussi formidables luttes.

Le choc suivra-t-il ? Asservis à l'ignorance, entraînés, trompés, les peuples, une fois de plus, vont-ils se ruer les uns sur les autres ? Quand les efforts de tant de siècles pour le Droit, pour la Liberté, n'ont pu leur apprendre encore qu'ils ont même droit, même intérêt, — quand quelques hommes encore disposent d'eux, — d'où viendrait-elle, la lumière, qui subitement les éclairerait ? D'où viendrait-elle, la raison, qui subitement les retiendrait ?

Un Ordre nouveau sera un ordre situé au delà de tous les horizons visibles en notre siècle, un ordre où sera fondée la grande société des nations.

Cet Ordre éliminera la guerre ; pour notre tâche quotidienne, nous ne cherchons qu'à l'endiguer.

TABLE DES MATIÈRES

APPENDICE

LA NEUTRALITÉ